U0442982

潮涌

王千马 著

红旗出版社

图书在版编目(CIP)数据

潮起潮涌 / 王千马著 . -- 北京：红旗出版社，
2025.1. -- ISBN 978-7-5051-5444-5

Ⅰ.F279.275.54

中国国家版本馆CIP数据核字第2024RP5754号

书　　名	潮起潮涌		
	CHAOQI CHAOYONG		
著　　者	王千马		
出版人	蔡李章	责任印务	金　硕
责任编辑	杨　迪	装帧设计	王梦珂
责任校对	郑梦祎		
出版发行	红旗出版社		
地　　址	北京市沙滩北街2号	邮政编码	100727
	杭州市体育场路178号	邮政编码	310039
编辑部	0571-85310467	发行部	0571-85311330
E – mail	hqcbs@8531.cn		
法律顾问	北京盈科(杭州)律师事务所　钱　航　董　晓		
图文排版	浙江新华图文制作有限公司		
印　　刷	杭州钱江彩色印务有限公司		
开　　本	710毫米×1000毫米　1/16		
字　　数	206千字	印　张	16.75
版　　次	2025年1月第1版	印　次	2025年1月第1次印刷
ISBN 978-7-5051-5444-5		定　价	68.00元

序言　　宗汉：中国乡镇发展的标本

1939年，29岁的费孝通出版了英文版的《江村经济》（Peasant Life in China）一书。如今它被奉为中国人类学的奠基之作。费孝通还是世界上第一个指出乡村也能发展工业经济的经济学家。

当时流行的经济观点认为，工业的发展必须集中于城市，乡村最多是原料和劳工的来源地。费孝通则主张将部分工商业留在农村，使它成为繁荣农村的一种副业。在农村设厂，规模就要受到人口的限制，或可寄望于最小规模、最大效率的工厂单位。

费孝通的这种观察超出了同时代的所有人，不唯在中国，即便在全球学界也是独步一时。它完全不同于亚当·斯密和大卫·李嘉图的大工业设想，而是一种来自中国的经济思想灵光。谁也没有料到的是，始于1978年的中国经济大改革，当真让费孝通当年所期望的"农村企业"成了当代中国经济改革发展的突破口。

本书《潮起潮涌》，记录了半个多世纪以来，一个浙江乡镇里的企业发展史与企业家群像。书中的主角是位于宁波慈溪的宗汉街道。"宗汉"之名，源于生长于斯的辛亥革命烈士马宗汉。他与绍兴志士秋瑾、徐锡麟相交莫逆，22岁加入光复会，24岁在安庆起义中牺牲。是以1930年，慈溪为纪念马宗汉，设立宗汉乡。

说到宁波，那里是我的出生地。13岁来到父亲身边之前，我寄住在宁波和绍兴的母亲亲戚家里。在宁波我学会了爬树和打架，在绍兴学会了游泳。时至今日，我对萌发于宁波的故事总有一层天然的亲近感。此书不仅写宁波，更是在写宁波的乡镇企业，这也是我常年财经写作中绕不开的话题。所以题写序言，似有些责无旁贷了。

作者王千马长期从事中国经济地理写作，在区域经济研究中拥有相当积累。他早年的作品《重新发现上海1843—1949：一个名流社区里的百年中国》，即以天平社区的百年历史为切入点，折射上海这座大都市跌宕浮沉的百年风貌。此次他对宗汉历史沿革和乡镇企业发展的书写愈发驾轻就熟，行文触及地域文化、乡镇企业、产业转型、乡村振兴以及共同富裕等多维度的时代主题。宏衍叙事中不乏幽微爬梳，为观察中国社会基层生态演化的真实境况提供了更细致的视角。

循着本书的脉络，我们不难达成一项共识：宗汉乡镇企业的发展历程是中国乡镇企业崛起的范本之一。宗汉虽处宁波慈溪一隅，然古有浙东学派"工商皆本"的事功传统，近代又因宁波开埠的商贸风气濡染，早已将自身命运深刻联结于中国商业史的激荡节律。

据考证，"中国第一家乡镇企业"竟是1956年慈溪宗汉创办的黎明农庄粮棉加工厂。较早发育的集体经济，让宗汉在改革开放前，就拥有了涵盖粮棉加工、纺织器材、农机、机电等行业的多家社办工厂。1978年，改革开放如春风化雨，让宗汉蓄势待发的创业种子一朝苏醒，更热闹的创业故事轮番上演：陆汉振、马信阳、岑尧云、邹林元、陈成泗、胡长源、史汉祥、徐娣珍、邹汉权等农民企业家如群星闪现，迅速成为农村的创业带头人。金轮集团、太阳实业、宁波大成、兴业集团、太极环保、慈吉集团[1]等一批企业各领风骚，并由小小的宗汉猛然闯入风起云涌的中国商业世界。

那些年，宗汉依靠蓬勃发展的乡镇企业，经济连续多年位列宁波各县（市）乡镇之首，一度被评选为浙江省五强乡（镇）、全国乡镇企业示范区。到 2000 年，宗汉已经形成以纺织、有色金属、机械、化工和塑料制品等为龙头，坐拥 20 多个行业、数百种产品的成熟工业体系。2001 年，宗汉撤镇设街道，进一步融入慈溪城市发展的快车道。

一切成就的取得离不开乡镇企业自发生长之功。彼时，这样的奇迹不独在宗汉，同样在全国掀起了一场经济奇观。《学习时报》2018 年 12 月 10 日发表的《农村改革的伟大创造》一文中记载，邓小平曾感慨："农村改革中我们完全没有预料到的最大的收获，就是乡镇企业发展起来了，突然冒出搞多种行业，搞商品经济，搞各种小型企业，异军突起。"

如从社会发展的底层逻辑审视，以乡镇企业为代表的民间经济活力的创生机制或可借用弗里德里希·哈耶克在《致命的自负：社会主义的谬误》一书中的话语来阐述："为了理解我们的文明，我们必须明白，这种扩展秩序并不是人类的设计或意图造成的结果，而是一个自发的产物……这些群体不知不觉地、迟疑不决地、甚至是痛苦地采用了这些做法，使他们共同扩大了他们利用一切有价值的信息的机会，使他们能够'在大地上

---

[1] 金轮集团：金轮集团股份有限公司的简称。太阳实业：宁波太阳实业有限公司的简称。宁波大成：宁波大成新材料股份有限公司的简称。兴业集团：宁波兴业盛泰集团有限公司的简称。太极环保：宁波太极环保设备有限公司的简称。慈吉集团：慈溪市慈吉教育集团的简称。

劳有所获，繁衍生息，人丁兴旺，物产丰盈'。大概这个过程是人类进化中得到正确评价最少的一个方面。"

于此而言，乡镇企业繁荣是计划外的产物，但根本动力仍在改革与创新精神，它让无数个宗汉快马加鞭，追赶过去丢失的时间；也让费孝通预言般的理念获得了实践的可能。1984年，费孝通在《小城镇 再探索》一文中提出，农民充分利用原有的农村生活设施，进镇从事工商业活动，在当前不失为最经济、最有效的办法。显然，与西方工业革命的历史相对照，"草根"工业无疑是中国农民的一个了不起的创举。

记得1997年我采访过费老，面对后生小辈，他不厌其烦，耐心以对，反复说的一句话正是："农民和农村的问题解决了，中国的问题就解决了。"日后，每当谈论农村问题，我总是不由自主地自问："费老会怎么看这个问题呢？"

宗汉的乡镇企业成长经验，既是新时代乡村振兴的可行范式，也为民企高质量发展和基层经济变革提供了一种解题思路，我想费老应当会满意宗汉的答卷。说到底，"宗汉经验"深深植根于温热的土地，成长于最了解它的中国农民企业家之手，是他们用朴素的生活智慧和勤勉性情，竭力使乡镇呈现出历史中未曾有过的壮观。

吴晓波

前言　民营经济看浙江，乡镇企业看宗汉

在中国众多乡镇街道中，慈溪市宗汉街道不算是最出名的那个，但一定是最有特色的之一。它是浙江省第一个以辛亥革命烈士的姓名命名的乡镇街道。

"宗汉"，来自辛亥革命烈士马宗汉，他是宗汉马家路村人。身逢乱世的他，自小就渴望用一腔热血救国救民。他19岁入浙江高等学堂学习，22岁加入光复会；1905年赴日本留学，是秋瑾重要的革命伙伴；后又随徐锡麟迁往安徽，组织安庆起义，刺杀安徽巡抚恩铭，并率巡警学堂学生攻占内军械所，后被捕就义，牺牲时仅24岁。据说在安庆监狱内，清吏用尽毒刑，但马宗汉坚贞不屈，始终不吐露同志名单及机密。1930年，为纪念马宗汉，当地政府设了宗汉乡。1989年10月，宗汉乡改称宗汉镇。1992年，慈溪市实施"撤区、扩镇、并乡"，境域新界乡、高王乡、潮塘乡并入宗汉镇，成为现境（2001年撤镇设街道）。

也正是受马宗汉的影响，1926年8月经孙鸿湘介

绍，宗汉教员施若愚和黄月樵先后加入了中国共产党；9月又发展教员马育儒入党，并在宗汉当地的新华小学成立中共姚北第一支部（后更名马家路支部），施若愚任书记。它是宗汉境域内最早的党支部，是当时慈溪县、余姚县境内第二个成立的党组织，在宁波市和浙江省的党史上都具有知名度。次年4月，陈永兴和方坤成两位木匠，在中共宁波地方委员会竺清旦、潘小梅指导帮助下，在保塘庵成立高王农民协会和农民自卫军，开展打击地方恶霸活动……

今天，当我们站在慈溪辖下、位于杭州湾南岸的这片面积33.2平方千米的热土上，面对先贤们的革命热情，不禁会想，是什么给了宗汉这种不怕流血牺牲、敢为人先的精神？

这种精神一直不曾湮灭。它穿过历史的硝烟，跨越不同的领域，大钧播物，随风化形，用那坚毅而又厚实的双手，在经济的战场上也播撒下无数风云。

1907年，一个叫马礼全的人开始在宗汉用木制的"土机器"轧棉花。大约在1925年，他又买回来了一辆"洋车"，随之又创办了马如盛花行。尽管此时距离"宁波帮"鼻祖严信厚在宁波湾头下江村创办通久源轧花厂已经有几十年时间，但毋庸讳言的是，这依旧让马礼全成为宁波三北地区（原镇海、慈溪、余姚三县的北部）开创工业企业的先驱。尽管抗战爆发等因素迫使其企业最终解体，但是创业的基因却被他的后代继承了下来。

马礼全的儿子马志成做过肩挑生意，进过公司，在中华人民共和国成立后曾开办新业临时粮食加工厂。1955年年底，该厂转为农业社，成为"黎明农庄粮棉加工厂"——这也让宗汉成为全县开办集体企业较早的地区。这间加工厂在日后也被考证为"中国第一家乡镇企业"。

前言　民营经济看浙江，乡镇企业看宗汉

显然，"中国第一家乡镇企业"还只是宗汉工业荣誉簿上的一个起点。在《慈溪市宗汉街道志》中，我们还能看到这些描述：

1965年，宗汉农副产品综合加工厂（慈溪纺织器材厂前身），以塑料代金属，生产缫丝鼓轮等纺织器材，年产100余万件；

1970年，宗汉下辖的原高王公社创办了高王农机厂，接着又创办高王机电联办厂。随后，境域各大队先后开办队办企业，为集体挣得不少利润；

1985年，境域农民徐全荣在浒山开办慈溪宇华塑料供销公司，成为慈溪县第一批注册的个私公司，随后，个私企业快速兴起，呈现乡办企业、村办企业、联户企业、个私企业竞相发展的经济格局。1985年，乡镇企业普遍实施厂长责任承包制，充分调动承包经营者的积极性……

也正是在20世纪80年代，岑尧云在创办企业时，在高档绣花拖鞋厂和激素厂之间，选择了当时慈溪周边区域都没有的激素厂；胡长源则在外出打拼多年之后回乡创办了至今在业界仍鼎鼎有名的兴业集团；史汉祥从水龙头制造切入，开始涉足铜冶炼产业；跟着在杭州制氧机厂的堂兄搞精细氯化钠生产的陈成泗，在感受化工行业之味后，进入轻纺、化纤领域。此时，在父亲马志成的带领下早早跑推销的马信阳，开始担任慈溪纺织器材厂的副厂长，并在几年后担任厂长。和他一样，早在14岁就开始创业的徐娣珍已经在创业之路上历经风浪，朝着自己的梦想狂奔。与此同时，陆汉振创办慈溪宗汉改性塑料厂，进而进入帘子布生产领域，其创办的锦纶厂的裂变速度让人无比惊讶，没几年时间就从一厂到二厂，二厂到四厂……到1990年，慈溪锦纶总厂（金轮集团前身）成为宁波第一家产值超亿元的乡镇企业。这一年，农业部乡镇企业局还公布：慈溪纺织器材厂生产的针织机输线装置（俗称输纱器）为目前国际最新产品。

宗汉镇工业产值超双亿暨锦纶总厂产值超亿元庆祝大会

1988年，慈溪乡镇企业的销售产值全面超过国企，创造了"游击队战胜正规军"的奇迹同时，宗汉自身的工业产值也遥遥领先，1989—1991年，连续三年居宁波各县（市）乡镇之首。到1992年，宗汉被农业部评选为浙江省五强乡（镇），到1993年，更是被农业部命名为全国乡镇企业示范区。1995年，民政部授予宗汉镇"中国乡镇之星"称号。2000年，宗汉形成以纺织、化纤、有色金属加工冶炼、机械、化工和塑料制品等为龙头，由20多个行业、数百种产品构成的工业体系。其中，宁波大成成为慈溪市首批国家重点高新技术企业。2011年，宗汉已经有各类企业1564家，工业总产值230.34亿元，利润9.3582亿元，外贸交易值30.83亿元。其中，产值1000万元以上企业103家，1亿元以上企业27家，10亿元以上企业5家。三环铜带、金轮帘子布、太阳洲纺织机械、瑞宝渔具、宙锋灯饰、华神铝材、蒲公英电动车辆、SYPO自行车零部件等8个企业商标先后被评为"中国驰名商标"。

就在宗汉工业如火如荼发展期间，其辖下的庙山村成了一座连片的"别墅村"。要知道，它在此前只是三北平原上的一块小山丘，是渔民的晒网之地。改变它的，则是陆汉振。他在2000年前后，先后投资7000万元，让庙山旧貌换新颜，也让所有的村民能共享企业发展所带来的成果。这个村也成了今日乡村振兴及共同富裕的典型。

这让人此前的疑惑，又不免加深了一层：是什么让这么一个乡镇街道走在了时代的前列，进而让"中国民营经济看浙江，乡镇企业看宗汉"？如果真的是因为不怕流血牺牲、敢为人先的精神，那么，这种精神又是打哪里而来？谁又呵护了它，让它在这块土地上茁壮生长、生生不息？

2023年10月中旬，当我站在金轮集团七楼的办公室，眺望远方，看碧练如洗，河流像一条丝巾一样扎在这片热土的颈项上。我想，我找到了揭开这块土地发展密码的一把"金钥匙"，或者说，一个重要的切入点。

它就是"大塘河"，大家俗称的"大古塘"。

探寻中国乡镇企业的"精神原点"

大古塘并不是一条河，也不是我们习惯上理解的池塘，它其实是一条东西向的塘坝。因为筑坝需要就地取土，所以也自然有了深浅不一的低洼河沟，这便是大塘河的雏形。大古塘筑到哪里，大塘河也就延伸到哪里。某种意义上，大塘河和大古塘相伴相生。

从大古塘的名字，能看出它的一丝特质，那就是"大"和"古"。据历史记载，它是在北宋庆历七年（1047）的冬天，由时任余姚县令谢景初带领沿线民众所开挖的，自东边的上林（今慈溪桥头乡）到西边的云柯

（今余姚历山乡），长 2.80 万尺[1]。

今天的宗汉在当年正属于云柯，它的境域临大塘河北岸，涉及东西界址 4920 尺。尽管那时的大古塘还是土筑，并未覆盖更多的地方，但是谢景初的始创之功让人铭记于心，所以我们今天也把大古塘称作谢令塘。当然，它还有几个名字，比如莲花塘、后海塘。

在和慈溪人的交往中，我们无疑会发现这样一个文化现象——他们往往把"向北走"叫作"向后走"。原因其实也很简单，因为慈溪往南，是四明山麓及山脚下的宁绍平原；慈溪往北，则是茫茫的大海。在四明山脚下的河姆渡遗址中，我们还能看到一些海洋鱼类的骨头，尽管比淡水鱼的骨头要少很多，但至少表明六七千年前的河姆渡人生活的环境不会离海边太远，处于湖泽分布的"水乡泽国"。事实上，在距今 15000 至 12000 年间，现在的三北范围还是一块与如今舟山地区相连的临近杭州湾的山前坡地。河姆渡先民曾因海平面一度上升而被迫迁移。但幸运的是，随着海平面逐渐稳定的同时，杭州湾的潮涨潮落，给三北不断淤涨出不少滩涂——它们就像息壤一样，不断向北增长。这也让"七山二水一分田"的浙江，平白多了不少土地。很多余姚、慈溪的先民也因此"以退为进"，通过不断地修建各种"散塘"，将后院的滩涂，变成开垦的田园。事实上，将这些散塘串联起来的大古塘也正是在此基础上修建成功的。

这种壮举曾引得王安石叫好。这位宋代文豪、政治家，当时正在邻县鄞县（今宁波鄞州区）当县令。他为此写下了《余姚县海塘记》，纪念这段官民共襄的盛事，这也是他为数不多的记述体散文之一。文中一开始写道："自云柯而南，至于某，有堤若干尺，截然令海水之潮汐不得冒其旁田者，知县事谢君为之也。"从中可以看出，修建塘坝，可以阻挡海潮侵

---

[1] 宋元时，一尺合今 31.68 厘米。

袭田地。此文既讴歌了谢景初身先士卒，急民之困，与百姓同甘共苦的实干精神，也借谢景初之口表达出治水和办学的理念："通涂川，治田桑，为之堤防、沟浍、渠川，以御水旱之灾；而兴学校，属其民人相与习礼乐其中，以化服之……"王安石的努力，以及他在政界的影响力，让宁波兴起崇文尊教之风，他甚至还在今天的宁波市北仑区亲自骑马撒砻糠、筑海塘，让此地告别咸潮倒灌之苦。后人为纪念他，就把这条塘称作"王公塘"，或是"荆堤"。

不过，筑海塘有时也不能一劳永逸，尤其是像杭州湾这样的强潮河口。其潮位高、潮差大、潮流急，当天文大潮与热带风暴相遇时，更会出现特高潮位、特大潮差和特强的潮流，有巨大的破坏力。南宋淳熙四年（1177）九月，大风雨来袭，致使大古塘败堤2560丈[1]，溺死40余人。但这并没有吓退先民。南宋庆元二年（1196），余姚县令施宿，再次率民维修增筑。他在实地考察的过程中，发现海潮"啮鬣推颓"，土堤"罅弊不坚"，"苇不可障"而"泥不可封"，最后决定将西边塘堤延长到临山，并将其中5700尺土堤改成石堤。据《慈溪市宗汉街道志》载，他"并置田千亩，为修堤资产"，可见施宿之决心。此后，考虑到大塘防灾责任重大，施宿还加强隐患排查，除了个人亲自视察，庙山、三山两寨也派了10名士兵每个月定期巡视，甚至连地方上的士绅也积极行动起来，调动民间力量守护筑堤成果——这种功绩，也让他在元时被敕封为"捍海侯"。

尽管在元大德年间，三北沿海遭遇大规模塌涂灾难，海塘几乎全部被毁，但是有谢景初及捍海侯在前，后人依旧不曾拱手认输。元至正元年（1341），余姚州判叶恒得"栲栳山人"岑安卿等人之助，再次率领民众

---

[1] 宋元时，一丈为3.168米。

修筑大古塘，并全部建为石堤，打下了较为牢固的基础。到明洪武二十年（1387），大古塘观城段和龙山段建成，形成东起慈溪龙头场，西至上虞沥海乡，全长80余千米的大堤，自此大古塘宛如滨海长城，一直发挥着抗御海患的巨大作用。《浙江文史记忆（慈溪卷）》有文在谈及"大古塘与慈溪的围塘史"时称道："谢景初、施宿、叶恒三人，虽然身处不同年代，却因为修筑大古塘被关联在了一起。他们仿佛就是那大古塘的堤坝，是那撑起大堤的脊梁，时至如今，人们说起他们，依然心怀感念。"

只是，大古塘初筑时，先民还是对未来缺乏一定的"想象力"，以为大古塘就是最后的屏障了，但在将近3个世纪的御潮斗争之后，海涂积沙已北却10里[1]许。所以，新的北进又不断地上演，从明永乐年间直到清乾隆年间，他们开筑了新塘、周塘、潮塘、二新潮塘、三塘（榆柳塘）、四塘（利济塘）这6条海塘，生生造出了三北平原的核心地带，也让位于大古塘之"后"的宗汉，在一度为海水所淹没之后，又有了自己的"容身之地"……但这样的改造并没有就此画上休止符，尤其是杭州湾北岸被严重侵蚀，钱塘江河道在明万历之后北移出海，更是让泥沙在今天慈溪西部硬生生淤积出一块庵东沙嘴。

谁能想象，今天的三北地区，已经筑到十二塘。而从五塘到十二塘，仅用了250多年时间。至此，数千年来被开拓的杭州湾被"压缩"得就像扁条的宁绍平原，向北有了一个巨大的弓形突起。这给了这里的人民巨大的生存空间，从秦汉以后，无数移民纷纷迁入。根据《浙江文史记忆（慈溪卷）》所述，他们中有被秦始皇发配来的"天下有罪谪吏民"，亦有王莽篡汉时"避乱江南"的北人，更有永嘉之乱后"衣冠南渡"的中原士族，尤其是靖康之变后士族南迁，让这里成了移民的重要接纳地。

---

(1) 宋朝时沿用唐朝时的度量衡，一里约530米。

前言　民营经济看浙江，乡镇企业看宗汉

浙江余姚人、浙江工商大学浙商研究院（中国华商研究院）院长陈寿灿指出，"衣冠南渡"给慈溪乃至整个浙江带来了儒家的主流文化，它和当地的区域文化充分地交融交流之后，进一步推动"浙学"创新性的发展，进而逐渐形成了以"实事疾妄（王充）、崇义谋利（叶适）、知行合一（王阳明）、经世应务（黄宗羲）、兼容并包（蔡元培）"为主要特色的浙江人文精神传统。这在整体上推动了整个浙江人包括新移民的人文觉醒，在性格上既内敛、务实，又刚强、奋进，"既有理心之美，又有事功之实"。

经济和文化的不断发展让上林湖一带自东汉开始燃起了跨越千年的窑火，最终成功烧制出了世界上最早的成熟瓷器，在成为中国陶瓷史上最重要的窑口之一的同时，也成就了越瓷传奇。同时，这也给余姚的源头——古方志书《越绝书》中把"余"解作"盐"字——盐业生产，带来了巨大的提升。人们在塘内垦殖成陆，塘外沙地刮泥煎盐。唐宋时，龙山、鸣鹤、石堰三大盐场更是按下了三北发展的"快进键"。

今天的宗汉街道，还曾有名为"陆家灶"的乡村（其在2000年与下漾山路村、二塘头村合并为二塘新村）。马信阳幼时生活的地方也有五灶江。毋庸置疑，灶其实是来自当年的"盐灶"，是旧时煮盐所用最后的工具，也是整个产盐过程最关键的一道生产工序。每一到两千米之隔就有一灶，灶有灶户，灶户组成了村落，村庄的命名也理所当然以灶为名了。明嘉靖三十九年（1560），为了挽救明朝财政危机，经严嵩推荐，鄢懋卿成为总理两浙、两淮、长芦、河东四盐运司盐政。在任期间，他颁布了一系列的盐政措施。例如至今还在流传的"鄢懋卿直甲分丁"一语，就是指鄢懋卿当时对灶户采取严格的管制措施。在灶以下分甲，每灶一般为十甲，甲以丁主姓氏命名，成为永久性的"盐丁"。记载盐场历史的《六仓志》

中便有这样的描述："余姚有石堰盐场，管辖六仓，每仓设灶十一座，六仓共有灶六十六座。"根据地理推测，宗汉大致属于石堰盐场范畴。

清代乾隆时期至民国，随着盐场北移，宗汉境域居民只能转业农耕。相比较南方常见种植水稻，这里被海水浸泡过的土地，不太适合水稻的生长，但是，种植棉花倒是不错的选择。所以元至元二十六年（1289），宗汉境域之南大古塘前土地已植木棉（棉花）。除此之外，还可以种植大小麦、蚕豆以及各类蔬菜，当然，也兼种少量水稻、番薯、南瓜、玉米、高粱、大豆等作物。这也让宗汉到清代早期就已然形成以"三白"（盐、棉、米）为特色的农业经济。清光绪《余姚县志》引录乾隆六十年（1795）《修助海侯庙碑记》载："姚邑之北乡濒海，沿海百四十余里，皆植木棉，每至秋收，贾集如云，东通闽粤，西达吴楚，其息岁以百万计，邑民资是以生者，十之六七。"

也正是为了建设商品棉基地，1954年，国家对宁波的县境进行了重大调整，将以植棉为主的镇海、慈溪、余姚三县的北部整合在一起，成立新的慈溪县。在这次调整中，余姚县周朝区、逍林区、浒山区、周行区、泗门区、临山区等5个区的部分和镇海县龙山区的北部划归慈溪县，宗汉也一并被划入。与此同时，慈溪县的丈亭、陆埠、城关、云山4个区和慈城镇划归余姚县，庄桥区分别划归宁波市和镇海县。县治也从慈城镇迁至浒山镇。此后，还有一些小调整。比如在1956年6月，原直属宁波专署管辖的庵东盐区归属慈溪县。1979年为改善水利条件，县境再度调整，泗门区重新划归余姚县，余姚县以龙南区即今横河区划入慈溪县，形成现有境域。

这也让当年由余姚开挖的大古塘部分成为慈溪和余姚的分界线。尽管今天它在城市化的浪潮中已然不存，但依旧奔流不息的大塘河，以及在它躯干上建设的329国道,还是提醒着我们需要对这片土地报以敬意,它是无数先辈向海而生并共同打造的杰作。

今天,当我们重新审视宗汉乃至整个慈溪的生长史时,你一定会发现,数百年乃至数千年与海争地的历史,不仅形成了这片热土的围垦文化,也让与天斗、与海斗的战斗精神,融入了这里每个人的血液。他们不怕危险,也不怕失去,一旦成功,他们就会赢得一个崭新的世界。所以,当人站在大塘河面前深刻感受到那奔流不息的水时,其实就像在感受这里的人们如水般奔流不息的一往无前精神。它滋育了这个城市的躯体,也喂养了它的灵魂。最终,它和这里的红色文化合二为一,融为新时代创业的"四千四万精神"。

同时,也正因为是向海而生,这里的人民又多了海一般的包容和奋进。不得不说,处于海与山之间,向南,高山仰止,让人心境沉稳,做事务实;向北,极目越天阔,又添了航海、冒险的冲劲。事实上,正是因为海的存在,慈溪自古便与外界联系频繁,在盐和棉花之外,优质瓷器的生产也让慈溪成了中国海上丝绸之路的重要出发点之一。在不断的对外交流当中,慈溪的"视界"或者说格局,也一并增大。所以,宗汉能在新时期一日千里,也是理所当然。

不过,宗汉能成功引领时代潮流,既得益于上述精神,但也不止于此。

从宗汉看城乡巨变和中国力量

在今天的宗汉,有这么一个有趣的地方,叫"宁波市慈溪市拆落市"。宁波市慈溪市很好理解,前者是地级市,后者是属于前者管辖的县级市——1988年10月，慈溪撤县设市，成为继东阳、义乌之后浙江的第11个县级市。那么，拆落市又是什么？其实，从宁波的"庄市""三七市"也可以看出来，它原是一个市集的名字，今天变成了一个乡民聚集的村落。之所以叫"拆落"——从慈溪诚和管业以及拆落电镀有限公司创始人邹汉权那里听来的解释是，他所在的邹姓家族，是从外地的邹姓大家族分出来一部分并落户于此的，所以叫"拆落"。一个地名，就展现了一个城市的移民史。

但移民多了也有一个问题，那就是地垦殖得再多，也逐渐不够分了。马信阳就记得，他爷爷三兄弟一共只有一亩五分地，只好一人种一年。胡长源的父亲是个石匠，一开始是靠手艺吃饭，不过到20世纪50年代土地改革时，也分到了田地，但爸妈加两个姐姐加自己全家共5口人，也只分得了一亩多。他的父亲忙碌了一辈子，到39岁才中年得子，不久后便因病去世，丢下孤儿寡母。

当垦殖和农耕支撑不了家庭的基本生活时，这里的人只好在非农领域想办法。我曾将这种转变定义为"穷则思变"，著名财经作家胡宏伟则说自己曾有一个更绝妙的形容，那就是"从贫困出发的绝地反击"。

进入新华社工作后，胡宏伟就将目光锁定在浙江民营企业乃至整个区域经济的发展上，进而成为浙江民营经济的观察者和推动者。多年来的审视，让他发现浙江经济在现实之外也有一个"钱塘江线"，它将浙江分成了南浙江和北浙江。北浙江靠近苏州，拥有杭嘉湖平原大片腹地，所以在改革开放前后走的是苏南模式，是大集体经济。按照他的说法，那就是"有米有绸的地方不会有太大的改革冲动"。而在南浙江，则多为山区，和福建更为相似。所以北浙江还带着吴侬软语，南浙江如温州、台州、丽水、义乌则更相信"爱拼才会赢"。与此同时，北浙江在改革上比大集体经济的苏南模式来得更彻底,也更民间。其推动了产权私有的民营企业的出现,进而影响了以民营经济为重要组成部分的社会主义市场经济体制的建立,并在这两点的结合下,调动了千百万人民的积极性。

尽管宗汉在地理上位于北浙江,举头望杭州、嘉兴和上海,低头则见绍兴及宁波,位于繁华的包围之中,但是它那"唐涂宋土"的现状,却让宗汉乃至整个慈溪都是繁华之中的"洼地"。胡宏伟把慈溪称为"浙北的小温州",一方面是说它的本土资源和温州一样,在浙江没有优势,所以有着吃饱饭,转移农村剩余劳动力的迫切需求;另一方面,这里的人民像温州人一样自强不息,靠着自己的脑袋和双手,凭借着"四千四万精神",硬生生地在非农领域杀出一条生路来。日后成为慈溪实施"撤扩并"(撤区、扩镇、并乡)后的宗汉第一任党委书记陆友祥便记得这样一句话:一株棉花一株稻,一生一世富不了!

同时,位于浙北又兼具浙南特点的性质,让慈溪在发展模式上,也兼得两地之优势。尽管在"公私合营"的浪潮下,一开始走的是集体经济,但是到了20世纪80年代初,慈溪就开始率先推行国有、集体、乡镇、个私"四个轮子一起转"的发展模式。其中最亮眼的,无疑是以宗汉为代表的乡镇企业的大发展。

中国乡镇企业的发展史大致分为两个阶段,一个是人民公社时期,从20世纪60年代到1983年,一直叫社队企业。另一个则是在1983年,人民公社改为乡(镇)、生产队改为村后的乡镇企业。在胡宏伟看来,社队企业也好,乡镇企业也好,它们的诞生和发展都脱离不了当年的政策环境,当然也脱离不了当地的经济环境。村集体没有一定的经济富余,或者没有一定的工业基础,也是发展不起来的。尽管慈溪地处浙北,但它毕竟位于繁华的边缘地带,受上海乃至杭嘉湖平原的辐射,而且,昔日的盐业、瓷业也曾支撑过它的发展，所以多少还有一定的底蕴。

宗汉之所以能在20世纪80年代开始在乡镇企业上大领风骚，无疑有它的大小环境。在小环境上，由于宗汉大致位于大古塘和二塘之间，让它较二塘之后的众多乡镇或村落，较早地成型并被垦殖，所以起步也相对较早。

在大环境上，1954年县境调整后的新慈溪是由原先的三北平原整合而成，这让慈溪丢掉了慈城，也让宗汉远离了浙东文化的重镇、王阳明的故乡余姚，损失虽然有些惨重，但是它并没有丢掉"浙学"中的事功文化，以及"工商皆本"的思想。更重要的是，没有了其他传统的"包袱"，宗汉可以轻装前进，"光脚的不怕穿鞋的"，所以改革的意愿相对突出和坚定。与之相应，在慈溪任职的领导干部，都相对开明，允许各种尝试，哪怕没有政策也会想办法给政策。

由于是三北平原上重新整合的新慈溪，所以国有经济的发展相对滞后，国有企业（那时还叫国营企业）对乡镇企业以及个私企业的挤压没有那么严重。为了发展当地经济，当地政府只能对乡镇企业乃至个私企业"高看一头"，所以，这会让更多的从业者感到身心舒畅，从而能积极地投身创业。

此外，地处江浙沪区域，也让宗汉受益匪浅。一方面，江浙沪的整体改革氛围对宗汉有着很强的引领作用。马信阳在回忆自己家族的创业历史时，曾多次提到一个人，那就是步鑫生。当年的步鑫生，正在一湾之隔的海盐，他的红星服装厂（海盐衬衫总厂前身）员工仅70余人，固定资产只有两万多元，年利润仅5000元。这间90%的工人已到退休年龄的工厂在他的带领下，打破"大锅饭"，推行"联产计酬制"，"上不封顶、下不保底"，砸掉"铁饭碗"的用工制度，对慵懒怠工的职工予以辞退，坚

前言　民营经济看浙江，乡镇企业看宗汉

持"打牌子，闯路子，创特色"的经营方针，一系列改革措施让厂子一举壮大。尽管海盐衬衫总厂最终因为某些因素走向落寞，但步鑫生的独创精神还是提振了无数人的士气，当然也包括马信阳。

另一方面，来自江浙沪得天独厚的资源，也让宗汉得到了很大的进补。也就在慈溪"四个轮子一起转"之际，大量来自上海国有企业的"星期日工程师"来慈溪帮扶，搞活了一方经济，致富了一方百姓。如果在今天，我们可以称它为"共享智慧"。

正是在这大小环境以及各种文化的共同作用下，宗汉的乡镇企业得以在摸索之中，一步步走过了四个阶段。只不过这四个阶段也不是完全按照时间顺序，有时也会相互交错。但不管如何，它们共同推进了宗汉在乡镇企业发展上的大迈步。

第一阶段是"能工巧匠来创业"。这些"能工巧匠"中，有石匠、篾匠、瓦匠等在传统农耕社会就有一技之长的人。有十几岁就在社会上打磨，在"放米胖"（做爆米花）当中琢磨如何改进火候，让它在有限时间里多放几炮的陆汉振；有比他大10岁，做过大队的食堂会计，干过通信员，当过抽水机手之后，成了黎明农庄粮棉加工厂的机械设备的引擎师傅，后又搞起机械化榨油的陈成泗；还有在15岁就和表姐合股办起了家庭小厂，接着又开服装店，搞塑料经营，最后办起了摩托车厂并兼并了国有企业——宁波摩托车厂的徐娣珍……

第二阶段是"大队干部来创业"。和其他人相比，大队干部有头脑，接地气，受群众信任的同时也有向上的资源，容易接触到新鲜的信息和相关的政策。随着政策逐渐放开，束缚他们手脚的绳索慢慢被解放，他们爆发出的能量同样很惊人。出生于20世纪30年代的岑尧云无疑是其中的代表。作为多年的老党员，他23岁便是高王二大队（现怡园村）支部书记

兼乡团委书记。也正因为给村里开展渔业作业,他接触到给鱼进行促排卵的绒促性素,并在日后发现它是个好东西,这也是他在日后选择创业时,果断抛弃了谁都可以做的拖鞋厂,而创办了周边区域都没有的激素厂的原因。而年纪比他略小的邹林元,今天也被人喊书记,这个称呼的由来是他进社办企业后曾书记厂长一肩挑。不过,在进企业之前,他也是社队干部。邹林元幼时是贫农,很小就当了大队儿童团团长,16岁便成了乡团委委员,再后来,成了整个乡5个党员之一。也正是这位老共产党员,在时代的转变面前,机缘巧合地搞起了阻燃材料,最后跨界到了稀土领域。

第三阶段是"'牛鬼蛇神'来创业"。所谓的"牛鬼蛇神",都是以前乡镇企业当中搞推销、搞外勤的那些人。那个时候广告和流通渠道少,需要靠人不断地和外界对接和交流,才能把生产出的产品推销出去。无疑,能做推销员的,都能说会道、思维活泛。当然,也因为他们比常人更能"折腾",有时还擅于一些"小动作",在朴实的乡村或者特殊的年代,常被视为"异类"。但事实证明,他们就是比别人信息灵通,对市场敏感度高。所以,当宗汉决定"请能人、招财人"来进一步发展乡镇企业时,他们自然成了最佳的候选人。像胡长源,就自嘲是"乱跑的无轨电车",但是,他靠着到处做手表带、各种冲压件以及徽章等加工生意,在1979年就成了万元户,到1984年,已积累起百万元身家。也正是在负责工厂运营以及跑推销的过程中,他发现废铜回收冶炼的生意值得一做。日后,当家乡向他伸出橄榄枝,他先是和慈溪有关部门成立了外贸公司,接着又在宗汉创办了上市公司宁波兴业盛泰集团的前身——兴业铜带厂……

第四阶段则是"父子并肩来创业"。直到今天,"父子齐上阵"也是浙商创业中的一个典型现象。像计划经济时代,马志成就带着儿子马信阳一起跑推销。到了乡镇企业逐渐改制,成为民营经济的一部分之后,父子之间就更要并肩作战了。在宗汉，太极环保的史汉祥、史跃展，复能集团的邹林元、邹宁，宁波第二激素厂的岑尧云、岑坚……都是"上阵父子兵"。不过，他们中间也有区别，比如有的老一辈是董事长，掌握大方向，子女是总经理，冲锋在一线；有的老一辈也是董事长，子女则成为各个分公司的负责人；有的老一辈则退出一线，作为"军师"而存在，子女遇到问题随时向他们请教。当然，也有像陈成泗家族一样，老一辈依旧在创业，子女则"分业不分家"，虽另起炉灶，但也保持着相对松散的合作。

这四个阶段只有短短的几十年时间，犹如白驹过隙，在历史的长河中转瞬而逝，但是它热气腾腾、生机勃勃，向世人展现了一段珍贵的中国改革开放历史。从这里，我们不仅能看到宗汉成为一个有特色的乡镇街道的内在原因，还能看到中国人民"人穷志不短"，在困境下永远自强不息、努力寻找出路的力量，以及智慧——他们犹如野草一般，只要看见市场上哪里有空白的地方，就会往哪里挤，往哪里蔓延。

此外，我们更能看到一个"温州式"的乡村如何一步步通过工业化改变了自身的命运——从一个小小的、以农业发展为主的宗汉乡，变成了下辖原新界乡、高王乡、潮塘乡的宗汉镇，再变成了今天城市重要的一部分。换句话说，它通过乡镇企业这一伟大的创造，让自己从田野走向了城市，从农村走向了世界。

尽管今天的乡镇企业已经成为一个历史名词，正是得益于它的发展，规模空前的农村工业化和城市化过程由此开启，从"泥腿子"中催生出大批纵横全球市场的"农民企业家"和亿万"农民蓝领"，既发展了经济，也使工业文明在原野扎根发芽，这在助力原野摆脱贫穷、落后的同时，也让各地呈现出一番别具特色的发展风貌，像浙江和江苏等地推行"地瓜经济"和"狼群经济"模式，而福建、山东、湖北、四川、湖南等地则是"雁行模式"，贵州、山西、江西、河北、云南则为"狮王模式"……模式虽不尽相同，但都各彰其势，各显其能。

回忆起当年的岁月，来自宗汉的创业者们依旧激动不已、心潮澎湃。对于他们来说，这段岁月关乎自己的青春，是热火朝天的、不怕付出和牺牲的，并且也是灵活的、活泼的。同时，这段岁月更关乎金钱的记忆——经济还不发达的那些年，又碰上了价格双轨制，只要你有胆子做，或者有人支持你来做，做什么都能赚钱。所以，宗汉的成功，既是体制变革的成功，在某种意义上，也是速度的成功，比别人抢先了那么一步。

我们得感谢他们在政策形势不明，改革开放姓"社"还是姓"资"依旧困扰着人们时所拥有的冒险精神，从而一带十，十带百，才有了今后民营企业的一片勃勃生机。

不过，也正因为早了一步，让这里的发展遇到了坎坷，甚至是无言的血泪。

中国乡镇企业和民营经济的冰与火，悲与歌

如果我们对比当年的"四千四万精神"和今天的"四千精神"，你会发现少了一条，又多了一条，少的一条是"历尽千难万险"，多的一条是"想尽千方百计"。在胡长源看来，这其实体现了时代的进步。

当年的"千难万险"更多的是政治风险。在计划经济时代，发展个私企业乃至乡镇企业在政治路线上其实是带有巨大不确定性的。尤其是特殊年代，在片面强调"以粮为纲"的极"左"思潮影响下，抓经济工作往往被视为"邪门歪道""资本主义"，搞不好就要被"割资本主义尾巴"。

所以社会的发展经常要"翻烧饼"。胡长源说自己当时的胆子其实很小，尽管改革开放后，"交足国家的，留足集体的，剩下的就是自己的"，但他在工资之外的年底分红，也只是拿一半，其他的要交给社队。在和慈溪相关部门合搞外贸公司的过程中，他只干了75天就怕了。因为2万元本金没动不说，他们一共赚了17万元！再这样下去，万一收不住，会不会被人当成"投机倒把"？他记得最后把这笔钱分了，自己还交了9000多元的个人调节税。那个时候，还没有所得税税票，他还是用菜市场的票据开的票。

陆汉振曾经也有一些害怕，是因为他的锦纶厂发展太快了，1986年11月15日，他刚刚在庙山村打下建厂的第一根桩子，7个月时间，一座年生产能力达2000吨级、占地约上万平方米的锦纶纺丝大楼，就从土建、设备安装到投产一气呵成。当人们刚想松一口气时，陆汉振又不动声色地告诉大家，他已把年产5000吨级的锦纶帘子布设备订好了，马上成立二厂。果然，1988年10月，锦纶二厂就破土动工。然而，由于国民经济结构矛盾开始加剧，社会供求总量失衡，导致国家开始治理和整顿乡镇企业。1988年年底到1989年，由于国家压缩国有资产的投资规模，银行银根缩紧，这也导致许多乡镇企业因资金、能源、原料缺口和产品销售的制约而纷纷发展停滞，一些缺乏竞争能力的乡镇企业惨遭淘汰。而这一"动荡"显然也影响了锦纶厂，尤其影响陆汉振这样"原始资本积累"不足，每月1000多名职工的工资靠销售款"现收现发"的企业，况且发展速度又如此之快，资金缺口比其他企业更为严重。于是，职工停发了工资，各地讨债者纷至沓来。

当时的陆汉振很焦虑，怕摊子铺出去了，结果被要求刹车。但幸运的是，当年的他，遇到的是相对开明的当地营商环境。其时的当地领导会顶住来自不同风向的"压力",支持慈溪的能人们上马搞建设。陆友祥还记得,当时慈溪主政的领导就拍板说,该治理的要治理,该发展的还是要发展!所以,在职工大会上,陆汉振含着眼泪请求他的工人原谅他。但不同凡响的是,在自己最困难的时刻,他还是吐出了让常人觉得不可思议的6个字:二厂照常上马。他相信自己有能力"翻本"。而且在他看来,困难是用钱买不来的,只有经历过风浪的企业,才会有更长远的发展。当然,这种自信也是基于当地的支持。

更幸运的是,1992年邓小平的南方谈话,更是彻底地改变了意识形态中"翻烧饼"的现象。到1997年,首部《中华人民共和国乡镇企业法》施行,东西部合作进程的加快,地区差异的有所缓解,都促使乡镇企业逐步走上了法治、健康、有序的发展道路。

某种意义上,中国乡镇企业乃至日后民营经济的崛起,得益于国家向民间不断放权,让民间能量更好地释放出来,允许农民去搞乡镇企业,把农民从土地解放出来。不过,随着我国市场化改革的推进,乡镇企业也暴露出体制、机制上的弊端,那就是"集体经济的产权性质决定其经营对政府的依赖,厂长没有经营决策权,凡事要请示乡镇领导,被讽为'二国企'"。这也意味着,当地乡镇企业的发展系于领导的"一念之间"。所以,姜义华在《苏南乡镇企业改制为民营企业的历程与思考》中写道,"在1992年到1998年前后,苏南乡镇企业大多转变为私有制或各种股份合作社、股份公司等混合所有制的民营企业","民营企业产权清晰,经营管理与乡村行政割断了瓜葛,再无外部机构、人士伸手拿钱。有恒产者有恒心,企业主规划企业蓝图,聘用能人管理,请来科技人才搞科技攻关,尽量节约成本增加收益"。而在全国较早开始发展乡镇企业和小商品市场的浙江,自然也率先开展集体所有制体制改革,大力倡导和支持民营经济发展，大力推进社会主义市场经济的改革实践。曾任慈溪市乡镇企业局局长的陈式衡便记得，随着社会主义市场经济的不断发展，机构改革也随之不断深入，乡镇企业局先变成中小企业局，后整体并入经济和信息化局。当年他正是慈溪乡镇企业局的最后一任局长。

浙商发展研究院院长王永昌曾在一次演讲中指出，民营经济存在是具有必然性、合理性、可行性的。有三个"本体论"依据，一是社会（历史）发展的本体论：人民群众是历史发展和社会进步的主体力量，社会进步是各类活动主体实践创造的，因而在相同条件下这种实践活动的主体越多、积极性越高，就越能推动社会发展和进步。二是市场经济的本体论：市场经济是迄今为止或可预见的未来人类最为合理有效的配置经济发展资源的方式，而市场的有效性又取决于独立市场主体的多样性。三是中国发展国情的本体论：社会主义基本制度、社会生产力发展水平、区域城乡发展差异、人口群体众多、社会主义初级阶段等基本国情，也决定并更需要发展主体是多样性的。所以，思想上的解放，以及民营经济发展的必然，给宗汉又带来了春天。大家终于可以名正言顺地赚钱，名正言顺地祝贺别人"发大财"了。

但问题依旧存在。那就是乡镇企业的发展比较多元化，但是第一代创业者大多是"洗脚上岸"的农民，所以切入的行业门槛相对较低，主要靠着自身的勤劳肯干，靠着企业的"先发优势"而大发其财，很快便有一堆跟风者蜂拥而入。岑尧云之所以在创业时选择激素厂而非拖鞋厂，正是因为他很有先见之明地看到，拖鞋厂虽然办起来很容易，但也很容易被其他人复制。最后不是被别人挤垮，就是在价格战中让自己退无可退。

邹汉权对此深有体会。他进工厂后一开始做的是卷尺加工，后来因客户要求塑料电镀，而进入了电镀这一行——这还有理可循，但他万万没想到的是，自己日后竟进入了管业。这正是因为大家看电镀有发财的门路，个个都来做，逼得他只好另寻他路。没想到在 2015 年前后，普通管业又面临着和以前一模一样的竞争。

有同感的还有陈成泗。他当年创办宁波大成化纤集团有限公司（简称大成化纤，2002 年改组为宁波大成新材料股份有限公司），主要是为当地的纺织产业服务。因为化纤是纺织产品中的主要原材料之一。这也帮助大成化纤的营业额一度在慈溪企业排行榜上位列前十。然而，到 1996 年，他发现自己的买卖是越做越大，但公司利润却迅速下降到只有 200 万元。这一度让陈成泗变得有些焦虑。

不过，让邹林元焦虑的倒不是恶性竞争，而是当时浙江的"三角债"太严重了，卖出去货，却收不回来钱。乡镇企业转为民营企业之后，虽然放开了手脚，有了大展身手的舞台，但是随着原来作为投资主体的政府比较彻底地从企业中退出，也意味着企业在日后的发展中丧失各级政府关怀的同时，遇到问题也需要自己独立解决。比如在融资上，乡镇企业的信用是政府，而民营企业的信用必须自己创立。尤其是当那种"只要能生产出来就能卖出去"的市场条件已经不再存在，很多企业就面临着融资难的问题，这也是担保链和"三角债"一度在浙江横行的一种原因，而温州也一度盛行"抬会"这种集资模式，导致社会问题丛生。

当然，有些企业，类似陆汉振在创办锦纶厂时，采用的是带资进厂的模式，和今天空手进企业拿工资不同的是，当年进企业时，还需要就业者"垫资"——锦纶厂当时的要求就是，高中学历以上的免费，但初中学历却需要拿钱。那个时候，进锦纶厂是"鲤鱼跳龙门"的美事，所以垫资也挡不住众人的热情，但是慢慢地，随着国家治理整顿金融秩序，这种集资有可能发展成"非法集资"，最后导致民营企业只能"嗷嗷待哺"。

前言　民营经济看浙江，乡镇企业看宗汉

今天，当我们站在宗汉这块热土上，再回过头来看当年的乡镇企业，可以看到它们有自己的爱，也有自己的哀愁；有发展的金光大道，也有遍布的阴壑暗沟。一千个读者就有一千个哈姆雷特，一千个创业者就有一千种坎坷。总结起来，除了上述的案例，乡镇企业发展到后来，因为各种原因，也逐渐碰到了上升的天花板。

有人才问题。尽管来自上海的"星期日工程师"对企业进行智力支援，但是他们还是"远水解不了近渴"——企业的发展需要有更多的人才，而且要能留得住人才。

有生态遗留问题。"家家点火、户户冒烟"虽然让整个浙江在民营经济上起步早，发展也很迅速，但这种单打独斗的作坊式企业也容易留下江河污染等环境破坏问题。在老宗汉担任工业负责人时，徐冲根就很早意识到了这个问题，所以就推行集中一片发展的模式，塑料的和塑料的在一起，铜冶炼的和铜冶炼的在一起……这在当年被称为"连片发展"。某种意义上，算是日后全国到处皆是的产业园的雏形。这也让徐冲根在日后成为宁波的唯一代表，参加全国连片发展和小区工作的座谈会。但得承认，这也很难解决污染的根本问题。

更主要的问题是企业家自身的见识局限和自我膨胀。胡宏伟虽敬仰浙商那种拼搏的精神，但也感慨，浙商在时代的夹缝中通过流通或者生意，让自己发家，让城市进步，但这里面的投机主义色彩重，是"卖"出来的，"闯"出来的，不是"创"出来的，所以这也导致城市缺乏科技发展的土壤，缺乏企业家的长期主义精神。我也在一篇题为《中国遍地都是"生意人"，独缺企业家》的文章中看到这样的说法："中国文化有一种求大崇大的情结，各类事情都喜欢冠以'大'或表现'大'，似乎比较容易受到尊崇。所以，受世风影响，中国的企业家很少像欧美/日本做'小

而美'的企业，大都志在让企业成为'巨无霸'。"所以，他们拼命地想做强做大，要跟时间赛跑，跟无数的竞争者赛跑，也要跟自己赛跑。这在宗汉的企业家身上也不少见。像今天的西二环北路，以及锦纶大道，基本上就是以胡长源和陆汉振的企业为主而形成的。当年的陆汉振，不仅将锦纶厂一家变七家，还进军摩托车领域，搞过服装，最后这些厂都没有办好，反而拖累了主业。相反，当时和锦纶厂形成配套的热电厂以及铝合金厂还算成功。

胡长源也曾在20世纪90年代末遭遇过大挫折，由于资金链断裂，公司很难发出工资。回忆那时，他会想起1998年的春晚，那英和王菲合唱的《相约一九九八》，暖洋洋的让人终生难忘；但他也难忘这一年，经过之前数年的高通货膨胀之后，消费市场变得萎靡不振，全国几乎一半国企的产能供过于求。胡长源也深陷其中。

他的员工，后来从一线干到集团党委书记的陈君杰就回忆，公司每个月工资只发60%。但是，让陈君杰很感恩的是，在公司挺过来之后，这些没发的钱，以1∶13的比价，全部换成了股票还给了员工，这怎不叫人对企业不离不弃？！

多年后，曾当过乡镇企业的厂长，也做过推销员，还当过宗汉乡里工办领导，最后又被陆汉振聘请为锦纶厂高管的陆金龙，在面对我时既赞叹当年宗汉企业家们的魄力和心胸，也感叹他们陷入无序扩张的陷阱。不过他承认，这里面也少不了当地政府的助推。那个时候，大家都希望做大做强，难免会忽略社会经济规律。

不得不说，当我们扯下乡镇企业和民营经济的一片风光，露出它躯体上的累累伤痕，不免会有一些迷惘，未来的路，我们又该如何走呢？

幸运的是，他们并没有因此惆怅太久。

前言　民营经济看浙江，乡镇企业看宗汉

从自发到自觉的"脱胎换骨"

对宗汉乃至整个浙江民营经济来说，1978 年和 1992 年是两个标志性的年份，前者因为改革开放，后者则因为邓小平的南方谈话，让发展社会主义市场经济最终成为这个国家所认可的方向。但是，和这两个年份一样为大家所感恩、所铭记的，还有 2003 年。这一年的 7 月，在浙江省委十一届四次全体（扩大）会议上，时任浙江省委书记习近平同志在总结浙江多年发展经验的基础上，全面系统地阐述了浙江发展的八个优势，提出了指向未来的八项举措，这便是指引浙江改革发展和全面小康建设的宏图大略——"八八战略"。

这一战略主要指：

一是进一步发挥浙江的体制机制优势，大力推动以公有制为主体的多种所有制经济共同发展，不断完善社会主义市场经济体制。

二是进一步发挥浙江的区位优势，主动接轨上海、积极参与长江三角洲地区合作与交流，不断提高对内对外开放水平。

三是进一步发挥浙江的块状特色产业优势，加快先进制造业基地建设，走新型工业化道路。

四是进一步发挥浙江的城乡协调发展优势，加快推进城乡一体化。

五是进一步发挥浙江的生态优势，创建生态省，打造"绿色浙江"。

六是进一步发挥浙江的山海资源优势，大力发展海洋经济，推动欠发达地区跨越式发展，努力使海洋经济和欠发达地区的发展成为浙江经济新的增长点。

七是进一步发挥浙江的环境优势，积极推进以"五大百亿"工程为主要内容的重点建设，切实加强法治建设、信用建设和机关效能建设。

八是进一步发挥浙江的人文优势，积极推进科教兴省、人才强省，加快建设文化大省。

这一战略为什么如此重要？为什么它会让宗汉的企业家如获至宝？那是因为，"八八战略"秉持以人民为中心的发展理念，将依靠人民与造福人民有机融合起来，所以一切有利于人民的，人民都可以充分发挥自己的主观能动性。如果说20世纪90年代意识形态还有"翻烧饼"的现象，那么，"八八战略"无疑给很多人再次吃了定心丸。它除了"致力于培育市场主体、激发市场活力和社会创造力"，而且还"千方百计增收创富，支持鼓励人民创新创业，不断深化分配制度改革，让改革成果更好惠及广大人民群众"。对浙江来说，由于经济的持续快速发展，使浙江更早地进入了社会结构的变动期和社会矛盾的凸显期，"八八战略"无疑给它的未来指明了方向。"发挥优势，补齐短板，是'八八战略'的基本着眼点和总体方法论。"《浙江日报》在2023年9月21日发表的《"八八战略"的丰富内涵与战略意义》一文中指出，"一方面，改革开放以来，浙江借助体制机制创新的先发优势，走出了一条符合自身实际的发展路子，形成了一系列特色和优势。'八八战略'把推动浙江新发展的着力点放在做大做强优势上，确保浙江经济社会发展继续走在前列。另一方面，浙江经济发展固有的工业基础薄弱、资源匮乏等种种不利条件，'老百姓经济'存在的体制性、结构性、素质性矛盾，已日益明显地构成对浙江继续走在前列的重要制约。'八八战略'着眼长远发展，将补齐短板、克服原有的局限作为实现全面协调可持续发展的关键，有针对性地制定了八大回应现实挑战的战略性举措，有效地推动了发展方式的转型升级"。

那么，按照"八八战略"，我们该如何补齐短板，推动我们从当年的粗放型增长、规模化增长迈向高质量发展？首先，我们得有凤凰涅槃、浴火重生的勇气；其次，需要改变原先的发展模式，实现"加快先进制造业基地建设，走新型工业化道路"；再次，强化战略思维和世界眼光，着力在强化现有优势、挖掘潜在优势的基础上，将原有的劣势转化为新的优势。换句话说，就是"不断提高对内对外开放水平"，一方面让浙江"地瓜经济"的藤蔓蔓延至全球，另一方面则站在全球视野下看待改革开放，继续加大开放的力度，统筹全球资源，把全球的人才、先进技术、资金等吸纳到浙江，让"地瓜"的块茎更大更甜，总而言之，创新是第一动力，改革是关键一招，开放是必由之路。

邹林元因此受益匪浅。当年的他从事阻燃材料，结果因为无序的"三角债"导致资金收不回来。在他苦恼的时候，一位在包头任职的朋友给他指了一条路，让他意识到稀土（通俗地说，稀土是17种稀有元素伴生矿的总称，如铌、铈、镧等）产业大有可为。最后，他选择了去包头办厂。当然，他也做了两手准备，那就是万一搞不好稀土产业，他还可以在包头继续做自己以前的生意。不得不说，正因为这次的全新"出行"，让他置之死地而后生。作为我国最丰富的战略资源之一，稀土在重要领域的应用范围很广，大多高精尖电子产品的尖端材料中都含有稀土。所以，搞稀土产业肯定有着广阔的市场空间。当然，也因为稀土产业属于战略性资源，所以搞这个产业有很大的政策风险。此前，为了保护资源，避免稀土等矿产开发秩序较为混乱、矿产开发结构不合理、开采总量控制不到位等问题，国家在2010年前后出台政策限制稀土产量、出口配额之后，还决定将稀土的开采权限定在几家国有骨干企业之中，而民企只能通过参股的方式参与。这种政策风险，再叠加当时北方城市相对落后的营商环境，让邹林元曾一度大伤脑筋，但是，他还是得庆幸自己早那么一两步介入稀土产业。

走出去的还有陆汉振。2003年11月，陆汉振在淮安涟水登记成立了淮安锦纶化纤有限公司。这不仅给当地带来了巨大的产业发展机遇，更重要的是，也让陆汉振在遇到事业的坎坷之后，有了东山再起的又一"根据地"。

在宗汉，还有一群企业家，他们虽然没有邹林元、陆汉振走得那么远，但他们同样也追求"开放搞活"，这也让今天的宁波前湾新区走入了世人的视野。当年的前湾新区，还叫杭州湾新区，属于慈溪。在打造新区之前，这个因为钱塘江入海口北移而淤积起来的地方，野草比人要高，麻雀比人要多。但是，为了追求更大的发展空间，一些宗汉企业家还是成了杭州湾的开拓者。当时负责杭州湾新区开发的市领导胡立明正是宗汉人，在他的带领下，宗汉企业应声而动。首先入驻杭州湾新区的，是振邦化纤。日后其他公司的建设，都是以振邦化纤为"基准"。振邦化纤的创始人陈泉锋，正是陈成泗的大儿子。

根据不完全统计，在振邦化纤之后，逐步落户杭州湾新区的宗汉年销售亿元以上企业有生产涤纶长丝的康鑫化纤、生产摩托车的康鑫摩托、生产钓鱼渔轮的中源渔具、生产轴承钢管的三环钢管、生产出口灯具的中发灯饰、生产自行车配件的新宝工业及力盟车业、生产吸尘器的尹得尔电器、生产汽车配件的天龙电子、生产汽车启动马达的奥博电器，还有陈成泗旗下的生产高强纤维的宁波大成，胡长源旗下的生产精密铜带的兴业盛泰铜业……它们纷纷加入了杭州湾新区开发的"大合唱"。

这种不断地向外界要发展，向产业的多元化要发展的模式，有助于企业拓展自己的生存空间，让自己从一个相对狭小的乡镇走向更广阔的天地。

如果说陆汉振、邹林元是在"外求"，那么，马信阳、陈成泗等企业家还在做着另外一件事,那就是"内生",换句话说,通过转型升级来提升自己。

至今让马信阳刻骨铭心、终生难忘的事情,就是输纱器的研发。这个填补了国内纺织行业里的一项空白的创造,也让马信阳的工厂在慈溪的企业发展史上,开创了好几项"第一":慈溪第一家成功开发"国家级重点新产品"的企业、慈溪第一家入选"国家火炬计划"的企业、慈溪第一家成功开发"国家星火项目"的企业、慈溪第一家参与起草"国家行业标准"的企业。

和他一样的,还有陈成泗。如果不说,你很难想象,他造的一款防弹衣,曾在伊拉克战场上救了数名英国士兵的性命。这是他用 8 年时间研发出来的产品。当年,为了摆脱无序竞争,他决定向产业的高精端求发展,主攻高强高模聚乙烯纤维研发生产。这不得不让人感叹,陈成泗作为一个为纺织企业做服务的人,居然造起了防弹衣。而今天的宁波大成也看不到半点纺织企业的影子。但是,正是不断地转型升级,让他找到了企业生长的新路径。目前,他又成功研制开发"软质野战移动式直升机停机坪"以及"高强度机场应急联络道面板"。

相比以上诸位,史汉祥则走出了另一条道路。这个一开始主打铜冶炼的创业"狂人",虽然在这一行业获益良多,但他也承认,做铜冶炼时对环境和生态造成了一定的压力!尽管浙江的生态优势给了企业家们发展的大好机遇,但是今天我们已经不能再吃老本,而且要思考如何去回报。此外,史汉祥在自己的创业过程中,意识到了循环经济其实也是一个大有前途的产业,所以他便经常思考,如何在提升效益的同时,综合利用生产出来的其他东西。其实在很多时候,我们认为不好的东西,换个角度换种方式,有可能就成了好的东西!就比如将钢渣、粉煤灰、赤泥、白泥、电石渣等进行固废脱硫处理，脱硫副产物又可以用于沙荒盐碱地改造，或者用于水泥制造原料……

史汉祥后来所创公司的名字为"太极"。"我一直坚信的观点是世界万物相生相克，辩证统一，都是平衡的。而这些年来我们通过科技创新形成的循环经济核心技术就是遵循这一理念，实现'以废治废，资源综合再利用'，并以此打造出一条'既能还蓝天，又能换绿地'的保护生态环境的循环经济平衡链。"史汉祥在生态平衡的追求上走在了前列，这不仅帮助他重新打造了一条循环经济的产业链，更是积极呼应了"八八战略"，给打造"绿色浙江"甚至"绿色中国"提供了一条有效的解决方案。他除了不断服务各个企业的大气污染治理、固废综合利用，甚至还在内蒙古进行盐碱沙荒地改造工程，准备变荒地为绿洲。

尽管这些宗汉企业家的想法，大多是在"八八战略"提出之前就已经着手实践，但得承认的是，"八八战略"的提出，无疑加强了他们的底气和自信，让他们在各个方面的创新实践从自发走向了进一步的自觉。

与此同时，对"八八战略"的理解与落实的程度，也决定了宗汉这些在传统产业上触碰到"天花板"的企业家们，今后到底能走多远，能达到怎样的高度。

幸运的是，在宗汉这些企业家当中，老一辈努力"洗脑"，脱掉以前的旧思维、旧观点，而正在成长中的新一代企业家，如与父亲并肩创业的邹宁、史跃展，还有被母亲徐娣珍从上海给"拉"回来、女承母业的胡圆圆，"三代创业"的钱星宇——作为岑尧云的外孙，他也是和史跃展、胡圆圆差不了几岁的同龄人，他们从前辈身上吸取了丰厚的为人处世的经验，更有国际化的格局和全球化的视野，还有更为广阔的视野和开放的心态，更重要的是，在实现中华民族伟大复兴的道路上，他们还是中国文化的传承者、代表者、传播者，以及践行者……这也让他们毫无疑问地成为"八八战略"的拥趸。

而回报他们的，是宗汉的企业纷纷变身为"专精特新"企业，除了岑尧云旗下的宁波第二激素厂、陈成泗的宁波大成，以及史汉祥的太极环保。还有邹汉权的管业——当年的他面对普通管业的恶性竞争，将企业转型升级为特种管业——比如为矿山、码头、化工制药，甚至为核电站提供专用管。这种特种管业批量小，但又种类多。批量小，大企业不太稀罕；种类多，实力不够的企业又耗不了那精力，正好适合他来做。这也让他"在夹缝中找出了一条路"。转型升级让笑容很快回到了宗汉的脸上，这个昔日的乡村，在被工业化进一步洗礼之后，变得更加神采奕奕。

窥一斑而见全豹。宗汉当年的困境，无疑是中国经济从高速发展走向高质量发展这一转型之痛的缩影。但宗汉的成功转变，也印证了只要坚持"八八战略"的引领，一定能通过高质量发展，实现乡村振兴乃至整个区域的现代化先行。

不过，当宗汉在"八八战略"的引领下重新出发时，也许还得认识到，在"现代化先行"的背后，"八八战略"还指向了另外一重精神内核——它也是浙商不仅仅是成功的商人，更是成功的企业家的关键——那就是共同富裕。

发展到底为了什么

今天到宗汉，一定不能不去庙山村。当你看到雅致葱翠的绿化小品、水清岸洁的生态河道、宽阔通达的骨架路网时，一定很难相信，这竟是一个乡村的风貌。更重要的是，没有农田和泥瓦房，没有路窄难走的田间小道，却有着布局流畅的别墅楼群，而这个乡村在当年修建大古塘时，还只是一个光秃秃的晾晒渔网之礁。

庙山，又叫乐山，因为海拔有28米，加上一峰突起，形似"蛤霸"（蛤蟆），在三北平原中算是高地了。南宋时，庙山上已有先民在此活动。明嘉靖前后，先后建成隋炀帝殿、关帝殿、捍海侯祠等庙宇，从清代起每年农历三月廿一至月底举行庙会，故称庙山。其中，位于庙山顶的隋炀帝殿，正是今天海月寺的前身。尽管这些宗教信仰活动，曾让庙山一度红红火火，但彻底改变庙山的，还是今天的新农村建设。有这样一首诗形容庙山之变："庙山楼宇起荒坡，十里青红十里晖，又是一年春水绿，柳翻莺舞念将归。"

在庙山村村委会的宣传展板上，是这样解释的：1993年，村里确定"统一规划、统一拆迁、统一建造、统一搬迁"的目标，开展社会主义新农村建设，综合开发利用土地资源，集约用地，改善人居环境，共分三期完成……2016年止，建成350幢别墅，村民全部入住。1996年起实施"夕阳工程"，陆续投入资金建造老年公寓，目前已建成252套，每套老年公寓内厨房、卫生间、客厅和卧室一应俱全，屋内宽敞明亮，80平方米左右。本村子女结婚后三代同堂的老年人，可免费入住村老年公寓，目前，老年人入住率占全村三代同堂户数的85%。在这段解释中，还提到了这么一句：金轮集团总公司投入启动资金7000万。

说到底，这是陆汉振在做大锦纶产业后，对家乡的一次大手笔的"反哺"。在陆汉振心中有这样一种朴素的想法：自己所获得的一切都是脚下的这片热土所给予的，没有这个"村"就没有自己这个"厂"，所以，自己富裕了之后，就一定得回馈社会，带动大家实现共同富裕。后来，大家把这种模式称为"以厂带村、厂村共赢"。

前言　民营经济看浙江，乡镇企业看宗汉

这也让庙山村收获了一堆荣誉，像全国创建文明村镇工作先进村、国家森林村庄、浙江省文明村、浙江省全面小康示范村、宁波市文明村、宁波市法治示范村……当然，更重要的是，它还成了浙江省社会主义新农村建设样板。

除了投资建设庙山村，"以厂带村、厂村共赢"的模式还体现在工厂的建设过程中。企业希望，村民们能积极参与厂的发展，在工资以及其他奖金收入上享受到发展所带来的直接红利。

岑尧云创办激素厂时，走的也是这一"路线"。当年，激素厂需要收集大量的孕妇尿液，他不仅让有条件的村民变成自己产业的"上游客户"，还让其他村民有机会成为自己的尿液收集员。这样一来，可以让大家都能跟着自己赚些钱。某种意义上，正是这些优秀企业的存在，让宗汉从来不会为就业率发愁。

作为一名老共产党员，岑尧云让人称颂的还在于，他和陆汉振一样都有一颗感恩的心。他的外孙钱星宇就常听他讲，办企业一定要懂得感恩，要有大爱和社会责任。在他还是高王二大队支部书记的那些年，村里因为电力不足，经常黑灯瞎火的，什么事也不能做。他遂提议由村办企业出资，购买发电机，整理每户人家的供电线路，完善供电网络，做到不管断电与否，村庄晚上总是灯火通明。同时他还将村里和村周围的泥路、石板路都改造成水泥路，对村周围的河道进行清理整治，最终，把高王二大队建设成了远近闻名的灯明、路平、水清的文明村。后来，他创办激素厂，精力放在了厂的发展上，但他依旧心系村里建设、关心村民生活情况，先后出资给村里装电话，出资新建小学，安排村里适龄青年到企业里工作，解决村民就业问题，给全村60岁以上的老人发放生活补助（现在每年要补助20多万元），并对一些有特别困难的老同志、困难户，给予特殊的照顾和经济资助。他积极践行企业家的社会责任和关爱精神，深受当地村民的尊敬和爱戴。

事实上，这种"老吾老以及人之老，幼吾幼以及人之幼"的大爱精神，在宗汉的其他企业家身上也不断闪现。去胡长源的住处可以看到，其主打一个摆设朴素，最醒目的，是挂在墙上的一系列由不同单位所颁发的慈善牌匾，有慈溪市颁发的"慈善捐赠先进企业""慈孝之星""慈善捐赠之星"，有宁波市颁发的"宁波十大慈善民营企业"，有浙江省颁发的"浙江慈善奖（项目奖）"。还有一枚，是浙江省慈善总会颁发的"5·12汶川地震赈灾捐赠'慈善爱心奖'"……不得不说，这个早早就体味到了成为有钱人滋味的创业者，最终选择了"得之社会，还之社会"。

如果说做慈善是对外，那么对内，胡长源认为，只有带员工一起进步的企业才是好企业。所以，他在很早之前，就开始在内部推行"模拟股票"——根据企业管理阶层的贡献大小，职级高低，给出相应的股票配额。这种做法有点类似于过去晋商票号的"顶身股"。它一方面对员工给予物质上的肯定，另一方面则将员工牢牢地绑在公司这辆"大车"上。大车跑得快，大家都有利可图。所以，陈君杰记得，在20世纪90年代之后，他有两种股票，一种是模拟股票，一种是回报他们在公司困难时期没有退却的补偿股票。

这既是慈溪作为"慈孝之城"对这些企业家潜移默化的影响，更源于这一群体自身的成长——走过了拼命赚钱只为生存或者改变命运的阶段，他们已经不满足自己只是作为一个商人而存在。与此同时，他们也在深入思考，当这个社会的主要矛盾已非当年人民日益增长的物质文化需要同落后的社会生产之间的矛盾，而变成了人民日益增长的美好生活需要和不平衡不充分的发展之间的矛盾，我们的发展到底是为了什么？这样的思考，无疑会让他们更深入地触及企业家精神的实质,那就是在持续不断地拥有创造性思维、冒险精神以及领导能力、自信心,创造更多的就业机会和经济繁荣的同时,也让更多人能一起受益。

胡宏伟说,中国式现代化首先得是人的现代化。当企业家不再动不动以赚了多少钱,公司市值炒到了多少为骄傲,而是以推动社会进步,给社会带来更多福祉而自豪,我们的这个国家就一定会繁荣昌盛、坚不可摧。

今天,当我们站在百年未有之大变局的门口,再次回望过去,要深刻认识到,当前民营经济的大发展,以及中国式现代化的建设和推进,都和过去乡镇企业的发展息息相关。因为有了乡镇企业当年的实践和各种先期实验,才有了今天工业立市乃至高质量发展的前提和基因。所以,我们一定不能忘了乡镇企业当年的创新和创造。

另外,也正是乡镇企业的多年积累,推动了企业家群体的形成,以及企业家精神的生成,这无疑是宗汉乃至整个国家在这几十年发展中收获的最大财富。它不仅让人看到了乡村振兴的无限可能,而且还有力地触及未来。这对宗汉的持续发展,尤其是应对未来挑战尤为重要。在诸多时代红利推动下经历了几十年高速增长的中国,接下来所要面对的或许是低增长、高成本、时代红利不再的局面。在未来的很长时间内,传统成熟型中国民营企业如何应对通胀、衰退与滞胀?如何实现企业盈利性持续增长?这些问题得靠这些企业家用企业家精神回答。

当然,在我看来,宗汉乃至整个国家的民营经济要想持续发展,在坚持"八八战略"引领的同时,还需要做好以下几个方面:

一是坚守初心,从"乡镇"企业走向"乡村"企业。今天,乡镇企业已鲜少被提及,但毋庸置疑的是,它带来的工业化进程,深刻地改变了我们的乡村。未来的日子里,乡村要想持续振兴,还必须坚持走工业化的路径。没有工业化，没有实体，就没有办法留住人口，最终会导致乡村成为"留守乡村"或者"空巢乡村"。所以，我们要继续发展乡村企业，通过高质量发展来带动农民、提升农业，连接城乡。乡镇企业多是集体经济投资为主或起到实际控制作用，未来的乡村企业多以合伙制、股份制等混合所有制为主，农民以股东或雇员等多重身份参与乡村企业。这不仅能充分发挥农民的主观能动性，也能让更多的农民享受工业发展带来的红利。为了发展好乡村企业，我们需要谨记的是，一方面要通过农工商综合经营、产业融合发展，做大做强乡村企业，另一方面则通过共生共荣来实现共享，进而让乡村企业更深得人心。

二是致力改革，从"管"理到"治"理。某种意义上，我们乡镇企业的前期发展，得益于体制机制优势。未来还应该继续发挥这一体制机制优势，通过加强现代化治理建设，加强多元、交互共治的"服务"思维，并进而实现当地营商环境的提升。此外，在政策、资金、服务等多方面要对民营经济多加扶持。更重要的是，发动国有企业与更多有能力有专长的民营企业、中小企业在研发、生产、营销、服务等多个层面对接需求，通过"大手"牵"小手"，让民营经济得到赋能。对很多民营企业来说，此前相对落后的认知，与传承家族式或者封建家长式的管理模式的结合，往往会导致企业的发展出现无数问题。这也决定着，在中国进入现代化大转型的今天，需要尽快地破除"人治"思维，加强现代化治理建设，以防范风险、提升企业价值。某种意义上，在治理上推进体制机制创新，是民营企业继续引领、继续创造的重要保证。这种治理在强调指导性、协调性、沟通性、灵活性的同时，也彰显了社会建设的公平、正义、和谐、有序。

三是转型升级，从创"新"到"创"新。首先，我们得承认，宗汉乃至整个中国的民营经济，是从创"新"走向"创"新的。即使都是创新，它们在时间的维度当中，表现出的内核，也是不一样的。在乡镇企业刚刚起步时，我们的创新更多体现在"新"上，只要做的是过去没有出现过的东西，或者做的是过去不敢做的事情，大多都能取得成功，主打的是一个新鲜、新奇，而不是追求技术含量。但到了今天，如果我们还是只图一个"新"，已经很难说服人了。所以，今天的创新，更多地落脚在"创"上。只有建立在创造上的新，才是高质量发展的新，才是征服人心的新。未来的我们，只有深入挖掘"创"新的逻辑和内涵，把握"创"新的方向，并持续创造，才能满足人民日益增长的美好生活需要。

四是科技为本，从有"胆量"到有"技量"。所谓的"胆量"，是撑死胆大的，饿死胆小的。这话无疑说的是宗汉乡镇企业发展初期。陆汉振、胡长源等人的经历，印证了胆量是当时的企业家所必备的素质。有胆量，才敢不计个人名利上的得失，甚至是政治上的生死，而锐意出击。不得不说，宗汉早期的企业家无不是靠胆量所取胜的。但成也萧何，败也萧何，胆量有时也会让人头脑发晕，面对市场形势，作出过激甚至是错误的判断。但不管有还是没有，到了今天，已然不是靠胆量来论英雄了。一方面，我们的社会日益成熟和规范，给不了胆量太多的发挥空间；另一方面，随着互联网、5G、人工智能以及数据革命等到来，整个社会创业的基础已经水涨船高，不是靠胆量就能攀上成功的顶峰了。那么，未来不靠胆量，我们靠的是什么？那就是"技量"。所谓的"技量"，就是技术含量，换句话说，就是智慧含量。我们只有紧紧依靠科研，提升自身的技术能力，通过全架构（运营、管理、品牌、市场等）注入智慧资源，才能让自己跟上时代的节拍。当然，如果在"技量"的基础上，我们再发挥自己的胆量，那倒两全其美。

五是精神不灭，从"能"吃苦到"会"吃苦。毫无疑问，浙江民营经济能走到今天的地位,跟从困难时期绝地反击下形成的"四千四万精神"有关。那个时候,大家是能吃苦的,也是不怕吃苦的。但到了今天,物质丰裕了,大家似乎不用吃苦,也不舍得吃苦了。这似乎并不是很正确的认知。要知道,艰难困苦,玉汝于成。而苦难也并不会随着时代的进步而离开我们的视线。只是,今天的吃苦已不再像过去那样节衣缩食、筚路蓝缕,而是要适应时代的变化,在任何困难面前既要懂得稳住阵脚,以不变应万变,更要懂得主动作为,敢为天下先。今天,我们依旧在重提"四千四万精神",一方面是提醒我们这个世界没有一帆风顺的时刻,我们正面临着各种挑战;另一方面就是希望我们能吃苦,更要会吃苦,面对挑战保持定力,不怕鬼、不信邪、不怕压,面对未来的各种不确定性和风险做好应对的充分思想准备,然后迎难而上,为最终强盛我们的国家而努力奋斗。

六是绿色低碳,从"生存"到"生态"。无疑,我们过去的发展,都是粗放型的,追求的是规模,是快速,为的是抢占市场,进而存活下来,所以难免对周边的环境缺少保护,造成了很多生态的欠账。但是今天,我们对生态的关注,俨然不同以往了。而人民对美好生活的追求,也是包括对青山绿水的追求。所以,我们一定要把"八八战略"牢记在心中,打造绿色浙江、绿色中国。未来的企业,一定在环保上是高要求的,对生态不友好的企业,也一定很难生存下去。相信我们的民营经济会有这方面的自发意识。

七是开放共存,从"内外有别"到"内外兼修"。过去的乡镇企业,因为实力弱、规模小,以及人才储备上相对薄弱,导致业务很难拓展到更远的地方,基本上集中在国内市场。幸运的是,那个年代国内市场足够为它们提供生存空间。不过,也有个别优秀的企业,已经把目光放得更长远。这种"走出去"战略,到全球布局,在今天"内外双循环"时代下尤其具有重要意义。所以,未来一方面要将内外兼修作为自身的重要素养,另一方面,利用"走出去"来倒逼我们不断提升技能。

八是志存高远,从"财富传承"到"文化传承"。我们自然希望财富能不断地传承下去,因为这也是我们努力的目标之一,但是它在今天已然不是主要目标,我们更希望传承下来的是思想,是文化,是家风,是人类进步不灭的火焰。只有这样,才会保证我们的财富是安全的,不会在未来的日子被一夜"清零"。所以,未来的年轻一代,既要努力投身经济建设,壮大我们的经济实体,但与此同时,更要坚定理想信念,志存高远,在实现中国梦的生动实践中放飞青春梦想,在为人民利益的不懈奋斗中书写人生华章。

这是对宗汉的寄语,也是对整个中国民营经济的寄语。相信在不断地锤炼之中,宗汉一定会像马宗汉那样铁骨铮铮,锐意进取,以身报国,也像那大塘河的水,闯过历史的险滩,缓缓而又坚定地,从历史流向未来。

目录

引子　马家路出了个马宗汉　/ 001

"世上英雄原不亏，雄才亦许常人为"　/ 001

为革命，马宗汉成"逆子"　/ 004

给宗汉注入革命的红色基因　/ 007

第一部分　风起　/ 013

第一章　黎明时节唤"黎明"　/ 015

跳出"农门"万丈高　/ 015

从合家到分家　/ 017

"黎明"来了　/ 020

第二章　短缺经济下的"草创期"　/ 031

"草根"们的推销生涯　/ 031

夹缝中的"变通"　/ 037

由农业生产逐步走向工业制造　/ 040

001

第二部分　勃发　/ 045

第三章　"虽然我没有钱，但我一定要利用好时间"　/ 047
从放"米胖"走向创业　/ 047
在最短的时间内建立自己的"王国"　/ 051
大展拳脚　/ 060

第四章　"四千四万精神"的"宗汉范本"　/ 067
可口可乐瓶的妙用　/ 067
无中生有造产业　/ 072
新时代"花木兰"　/ 078

第三部分　助澜　/ 085

第五章　有为政府和有效市场　/ 087
"四个轮子一起转"　/ 087
引能人招财人　/ 091
成片发展　/ 097

第六章　从对世界的"开放"中获利　/ 101
星期日工程师　/ 101

"大门"终于被打开了 / 105

墙内开花墙外香 / 108

第七章 乡村振兴的"庙山实验" / 115

向世界讨还我们农民的尊严 / 115

旧"山"换新颜 / 121

给自己圆梦，给更多的人圆梦 / 126

第四部分 蝶变 / 133

第八章 撞上"天花板" / 135

银根紧缩和"三角债" / 135

野蛮生长下的"大逃杀" / 138

破碎的幻觉 / 142

第九章 向上的内在生长 / 147

从"四轮驱动"到乡镇企业改制 / 147

传统产业"蝶变" / 150

防弹衣的"8年抗争" / 154

没有传统的产业，只有传统的思想 / 158

第十章　独辟蹊径做"大文章" / 163

"根据地＋新战场" / 163

新兴"稀"望 / 167

循环亦是经济 / 171

第五部分　承启 / 177

第十一章　向更广阔的天地去 / 179

定神、鼓舞、指向…… / 179

绿色发展才是真正的高质量发展 / 182

坚持新型工业化道路 / 186

"向后走",朝前看 / 191

第十二章　今天,我们该如何评价乡镇企业 / 197

四次飞跃:从"起跑"到"跟跑"到"快跑"再到"领跑" / 197

老一辈企业家留给我们的宝贵财富 / 202

乡村振兴:从乡镇企业到乡村企业 / 209

后记 / 215

引子　马家路出了个马宗汉

"世上英雄原不亏，雄才亦许常人为"

1895年的余姚姚江达善学堂，洋溢着爱国主义热情。孩子们刚入学不久，学堂上的诗词课，讲的就是岳飞的《满江红》，只听见老师朗诵："怒发冲冠，凭栏处、潇潇雨歇。抬望眼，仰天长啸，壮怀激烈。"此时底下有一童音跟读道："三十功名尘与土，八千里路云和月。莫等闲、白了少年头，空悲切……驾长车，踏破贺兰山缺。壮志饥餐胡虏肉，笑谈渴饮匈奴血。待从头、收拾旧山河，朝天阙。"词尽，童音继续说道："我长大也要做岳飞一样的人！"老师循声望去，认出那说话的少年，不禁颔首赞许道："少年有志，可嘉。然而说易行难，切记还需要做到好好读书，踏实做事，抱负或可成。"少年朗声说："是！谢先生教诲。"

少年正是马宗汉，字子畦。这一年，他刚刚12

岁。年纪虽小，但在耳濡目染之下，他已是饱经世事的"毒打"。就在前一年，中日甲午战争爆发，因清军惨败，签订丧权辱国的《中日马关条约》，大片国土沦为日本的殖民地，巨额赔款更是压得每个中国人喘不过气来。马宗汉的祖父马道传与人谈及此事，语多愤慨，常抨击统治者腐败无能、卖国求荣。这些话不仅落在马宗汉的耳里，更敲击在他的心上，让他深感耻辱。

马宗汉生长在一个爱国爱乡的望族之家。尽管在元朝时，其始迁祖马蜀江率家人从余姚南部的陆家埠（今陆埠镇袁马村）北迁云柯，但至清中叶，历经400余年，繁衍生息20余代，已经把异乡当作故乡了。也正是马氏人口的集聚，形成了马家路这一地名和集市，也产生了马氏家族的多条支脉。第二十五代的马朝占便是其中一条分支的支祖，隶属于云柯马氏头甲祠堂名下。而马朝占正是马宗汉的天祖。

马宗汉烈士

引子　马家路出了个马宗汉

家大业也大。马家亦耕亦商。根据《马宗汉传》所叙，其家族数代所经营的商铺均以"朝盛"为号。渐渐地，乡人便习惯称呼其家族集居处为"朝盛里"，久之又成了马家路村中的地名。尽管是个商人，但马朝占生性宽和，平素与邻和睦，常接济体恤贫苦人家。其经商亦有道，每遇丰年粮贱时，以平价收购谷物，遇荒年又以平价卖出，以行善积德为平常事，不喜张扬。在这种家风的传承之下，马宗汉高祖马之驷"继承了父亲马朝占的善良秉性，以忠实厚道为乡人所敬"，曾祖马廷耀"生性豪爽直率，重诺言，一言既出，驷马难追。常仗义疏财，多行善举，曾创立马氏义庄，替困难族人、贫苦百姓济危解难，有贤名"。而祖父马道传同样"豪爽重诺"，"一生以行侠仗义为己任"。马道传因对清末黑暗混乱的政治倍感失望，而后绝于仕途，终养父母不复出。在云柯老家，他不仅扩建父亲所创立的马氏义庄，还增办义学私立润德学堂，更是恩惠族人与周边百姓，泽及枯骨，寿至八十而卒——根据《慈溪市宗汉街道志》所描述："光绪三十二年（1906），马氏义庄董事马道传以庄内余屋为校舍，创办私立润德高等小学，禀县通详立案。"马道传生前最喜欢孙子马宗汉，曾亲自为他讲史传，授剑术，甚至还将自己的佩剑送给了他，祖孙感情很深。

不难想象，生长在这样一个大家族当中，马宗汉得以健康成长，但与此同时，也很早接触到新知识、新思想。尽管他的父亲马广函教子甚严，不容许有违传统礼教行为的存在，但还是抑制不了革命的种子在马宗汉幼小的心灵中悄然萌发。16岁时，其曾作《述志》一诗："世上英雄原不亏，雄才亦许常人为。如吾夙负平生志，当使声名千古垂！"寥寥28字，已清楚地展示了他不寻常的抱负。

又过两年，当他听闻庚子国变之后清政府再次签订丧权辱国的《辛丑条约》,不禁怒发冲冠,仰天长啸。《辛丑条约》比《马关条约》有过之而无不及,对外赔款白银 4 亿 5000 万两,几乎全体国人"人均一两",清廷又拱手让出主权——不仅严禁人民反对外国侵略,还拆毁大沽炮台,允许外国派兵驻扎北京到山海关沿铁路线的重要地区——某种意义上,外国人将自己的军队扎在了中国皇帝的眼皮底下,这像是示威,也是中国人的天大耻辱。是可忍,孰不可忍!马宗汉拔剑出鞘,手起剑落,轰然一声,生生将一根碗口粗的树杈斩断。

他仿佛看到了那个腐朽无能的政府也被自己送上了断头台。

为革命,马宗汉成"逆子"

从达善学堂毕业后,马宗汉做了好几件"忤逆"之事。

一是和其兄马宗周一起报考了浙江大学堂,并均被录取。这本是好事,但刚入学没多久,因愤于时任学堂总理劳乃宣与学堂稽查戴克恭、学堂监舍屠元礼等人狼狈为奸,构陷学子,兄弟俩与众同学以退学相抗争。在告退书上署名时,马宗周要他考虑清楚,因为这名一签,将再难回学堂读书。马宗汉说:"若留下,从此只能奴颜婢膝,跪着读书,终生做奴才。若退学,至少人格还是清白直立的。"在举行完退学礼之后,马宗汉走出学堂大门,止步回首,凝目在"浙江大学堂"五个字上,虽眼含不舍,但面对马宗周是否后悔的询问,马宗汉轻声却决然地回复:"纵使不舍,亦当如此做法。"接着又吟诵道:"安能摧眉折腰事权贵,使我不得开心颜。"

但这显然让马广函很不"开心"。他训斥两个儿子不安分读书,却去参与什么罢课活动,结果祸及自身。但马道传在听闻之后,出来阻止说:

引子　马家路出了个马宗汉

"志士不饮盗泉之水，廉者不受嗟来之食，换成你我，也做不了这等奴颜媚骨、丧失人格的事，马宗周、马宗汉没错，此事休提了。"

尽管不提此事，马宗汉还是被勒令参加乡试，并考取清光绪三十年（1904）甲辰年生员。但马宗汉终因志不在此而无意仕进。这一年，是他迎来次子马元佐的一年，也是他与同志陈季安、徐蕴甫一起在离家不远的浒山三山高等小学堂执教的第一年。在三山执教期间，马宗汉期望以教育来唤醒民众，拯救国家。当年社会公认三山学堂的教育质量是余姚县最好的。在马元佐所撰的《马宗汉英烈事略》一文中，这样描述他当时所为："除常以'异族之祸，亡国之痛'督教学生外，还多次从外地购求革命书刊，散发乡里，为扩大革命影响，散播革命火种做了不少工作。"

所提到的"外地"中，大概少不了绍兴的特别书局。这是由徐锡麟在绍兴闹市所开的书店，经销东西方各国新书及进步书刊，除了以此传播革命思想之外，显然还用来"物色豪杰"和"暗中联络散开在浙东各地的英雄豪杰"。这位绍兴东浦镇人，正是光复会的早期成员。后来，徐锡麟又介绍秋瑾、陈伯平，以及曾数次救下孙中山性命、与秋瑾并誉为"中国三女杰"的尹维峻两姐妹入会。这让光复之火薪火相传。

正是因为特别书局，马宗汉和徐锡麟有所接触，并对时政弊端进行过深入交流。马元佐写道："1905年9月，闻徐锡麟在绍兴创办大通学堂，先父曾前往入学，并参加了光复会。"由于马宗汉本身学历较高，又有练武和从事教育的经历，所以在大通学堂颇受重视，既是学员，也是助教，"1906年1月，为广结同志和学习军事技术，又随徐锡麟、陈伯平等东渡日本。后因清政府驻日使馆阻挠，学习军事的目的无法达到，而留日学生中，相得的爱国志士又不多，便于5月间与徐锡麟、陈伯平联袂回国"。

也正是在日期间，同为光复会成员的陶成章与龚宝铨、陈志军、陈魏四人愤而剪去发辫，表示与清廷势不两立。马宗汉等人受到影响，也纷纷剪去长辫。不过，在剪之前，马宗汉面容严肃，转身向北，抬右手朝北戟指三下："北指者，北即清政府统治下的中国，表示从断辫之刻起此生便交付革命大业，将与鞑虏作生死决斗矣。"又转身向西三鞠躬："西向鞠躬者，是身体发肤受之于父母，有所不忍，请父母谅解孩儿苦心。"然后剪子交右手，一剪落下，发辫已落在左手中。此事在归国后为马广函所知，又急又怒，欲送其子到官府接受处罚，后为马道传阻止而作罢。只可惜，这份来自祖父的爱，终究不久。

马元佐写道："先父原拟在家稍作休息后，再去德国学习陆军。不意适逢祖父病逝，无法成行，从此深处陋巷，难有作为。先父自称这段时间'真似日坐薪火之中'。因而当清廷为缓和民意、分化革命而佯称准备立宪时，他立即挺身而出，一面撰文揭露其阴谋，一面与当地上层分子公开辩论，言辞犀利，锐不可当。"

如果说，马宗汉上述行径像是个"逆子"，让马广函坐立难安，但这个儿子也有"谨遵父命"的时候。比如从达善学堂毕业之后，马宗汉便与岑鼐庵之女成婚，也正是这难得的一次"谨遵父命"，给他带来了短暂生命中难得的福气。这位岑氏夫人生于1885年，比他小一岁，性宁静，善女红，但也读过书，能识文断字。更重要的是，她深明大义，对丈夫日后投身革命的选择，从不阻拦。在马宗汉资金困难时，她甚至主动拿出自己的私房钱和首饰，给马宗汉作路资并购买武器弹药。此外，当她看到马宗汉归国后头顶仅剩一头整齐的短发，虽然惊慌，但还是深信自己的丈夫是不会做坏事的。但为了安全计，她还是帮助丈夫做了一条分量轻一点的辫子，牢牢地缝在帽子里，好遮人耳目。

也就在马宗汉与人辩论立宪、革命之短长时，传来了好消息：徐锡麟通过捐官打入官场已初见眉目，将以道台衔分发安徽。这也意味着，清政府内部被打入了一颗致命的"钉子"。尽管有人邀请马宗汉重游日本，但他坚辞不去，因为"他国究非用武之地"。他所做的工作，是协助主持浙江方面大局，同时，担任绍兴大通学堂督办的秋瑾积极组织义旅，俟徐锡麟在安徽站稳脚跟，即赴皖相助。

日后，章太炎在《徐锡麟陈伯平马宗汉传》中提及："浙江所以多义旅者，宗汉力也。"陶成章《浙案纪略》中卷也有类似提法。根据《马宗汉传》的描述，秋瑾在浙、皖一同举义之前，曾多次到马家路会晤马宗汉，并在马家用过饭，对岑氏夫人做的葱油鲫鱼、清蒸土步鱼、醋蜇、兰凤酸菜汤赞不绝口。岑氏夫人对秋瑾的印象则是，个子不高，容貌端庄秀丽，举止俊雅洒脱，穿男装、着皮鞋，会骑马，没有一般女子的忸怩害羞，谈吐得体，不让须眉。这也让岑氏夫人觉得秋瑾是干大事业的非寻常女子。

为革命捐躯的时刻，很快就要到来了。

给宗汉注入革命的红色基因

在《马宗汉英烈事略》一文中，马元佐这样写道："1907年初，先父获知徐锡麟已按计划捐得安徽道员，打入清政府内部，并要他前往安庆共图大事时，极为振奋。曾连发两信，表示'准于阴历正月赴皖'。后因病延至6月10日，才在上海和陈伯平一起溯江西上。他离家前曾对学生说：'吾此行不能灭虏，终不返矣！'公然表达了以身许国的决心。"

等到马宗汉和陈伯平到达安庆时，徐锡麟已升任巡警处会办兼巡警学堂会办，并已和秋瑾约定于7月8日（此为安徽主要头目均将至巡警学堂参加毕业典礼之日）皖、浙两地同时行动，以成声势。由于时间紧迫，马宗汉和陈伯平便立即投入察看地形、熟悉人事等准备工作。6月22日，两人奉徐之命，又同往上海与秋瑾作最后磋商并采购武器。抵沪后因经费不足，马宗汉不惜典卖衣服，将所需枪支弹药办齐。7月5日，当他俩赶回安庆时，起义时间竟因巡警学堂毕业典礼改在6日举行而被迫提前。徐、陈及马宗汉于当晚紧急密议，决定次日先刺杀抚台恩铭，再关住大门将其余头目一网打尽，然后率巡警生占领军械所、电报局、督练公所等地，俟与城外新军会合后直趋南京。

计划虽好，但意外横生。7月6日这天早上，当时的安徽省会安庆所办的安徽巡警学堂热闹非凡，学堂上下正在为首届毕业生毕业典礼而作着准备。9时许，恩铭及各司道先后莅校。徐锡麟引着恩铭等进入礼堂，按班次就座。一切都显得井然有序。但谁也没想到，"危险"竟来自主席台上。马元佐写道，在典礼开始后，"徐锡麟疾步走到恩铭面前，把一份名册往案上一放，大声说道：'回大帅，今日有革命党起事。'话音未落，陈伯平即向恩铭投一炸弹，不料未爆，徐锡麟随即从靴筒内拔出双枪，向恩铭猛射，恩铭倒地"，"陈伯平与先父冲入堂内，也向恩铭开枪猛射"。

不过在后人看来，由于徐锡麟等人没有进行长期而深入的宣传组织工作，此次起义带有个人冒险的色彩，旋即失败。陈伯平当场战死，徐锡麟被捕，清政府对徐锡麟略作审问后，即将其剖腹剜心，残忍杀害，以防其他革命党人"有劫犯情事"。秋瑾亦落入清廷之手，最后，留下"秋风秋雨愁煞人"这唯一"笔供"之后，在15日凌晨被"即行正法"，就义轩亭口。而马宗汉虽已在群众掩护下突围，但不忍看群众受牵连，最终还是

引子　马家路出了个马宗汉

挺身而出说："我本为救民而来，岂可连累于民？"从而亦为清兵所获。

日后，马元佐之女马爕行曾对这段历史有过口述，说的是马宗汉被捕后，假称"黄复"，企图东山再起，释放后再行革命，后未如愿，终被投入监狱。尽管没有马上处斩，但是也受尽毒刑，而马宗汉却始终不吐一人。主持严讯马宗汉的江宁盐巡道朱恩绂使尽手段，很是无可奈何，最后在《江宁盐巡道朱恩绂为徐锡麟击伤多人被擒各公所已派兵驻守事致端方电》中向端方报告："马子畦共审八次，严刑二次，于知情谋击供认不讳，前后如一，惟坚称是被徐匪骗来，其余党姓名人数实不知道。"在端方催逼之下，清吏使尽一切手段，昼夜不停地动用各种刑具，折磨得马宗汉皮开肉绽，不成人形，但马宗汉依旧不吐实情。"8月24日马宗汉就义安庆，年仅24岁。"

这也意味着，这次起义并没有取得意想中的效果。

但是，谁也不能否认，辛亥革命的成功不仅仅是因武昌首义的成功，而是因有了安庆起义、黄花岗起义等多次起义的积累，才取得最后的胜利。可以说，安庆起义是对辛亥革命成功作出重大贡献的历史事件。王开玺在《晚清的四张面孔：晚清人物的思想与事功》一书中写道："安庆起义的领导者徐锡麟，既非寻常的草莽村夫，亦非绿林英豪或秘密会党；既非海外的康、梁逆党，更非孙中山、黄兴等革命党人，而是清廷的四品官员，章太炎先生称其为'官吏革命之始'，故此其所造成的政治影响，特别是对晚清政局的影响颇大。"除了让晚清加速其政体改革，"一向专权自信，骄横不可一世的慈禧太后，其统治信心亦因此受到沉重的打击和挫折。革命党人竟然采取'孙悟空钻进铁扇公主肚子里'的办法，充任清廷四品官员，从内部造反叛逆，这使慈禧太后虽尚无'四面楚歌'之患，已明显地悄然而生'众叛亲离'之忧，大有落花流水春去的无奈之感"。

对这些不幸牺牲的革命者，群众也纷纷给予了同情和支持。马元佐在文章中写道："先父被害后，当地群众偷偷将他收殓，后并千里迢迢将他的灵柩护送回家。但当时株连甚严，家中大小或躲在船内，隐匿于野外河港冷僻处，或远避至慈城、五磊寺等地，不敢回家。因而先父的灵柩一直被露厝在数里外的施家山上，冷月荒丘，备极凄凉。直到辛亥革命成功后，他的遗骸才被迎往杭州，与徐锡麟、陈伯平并葬于孤山南麓，称为'三烈士墓'，受到万人瞻仰。1981年，'三烈士墓'迁至南天竺，近年并修葺一新，并来凭吊者络绎不绝。家乡亦于1929年改名为宗汉乡。先父和其他革命先烈将永远留在人们的心坎里，永远受到人们的尊敬和纪念！"

来"三烈士墓"祭祀的，还有他的夫人岑氏。她每去杭州，总要祭扫马宗汉墓，同时不忘到她认识的那位女革命家——秋瑾墓前奉献一束香。这个明知马宗汉一去就很难再回来的弱女子，在马宗汉就义之后，以一己之力挑起家庭重担。除了小儿因故早夭，她将其他二子抚养成人，最后积劳成疾，于1942年夏撒手人寰。

平日对马宗汉颇为严苛的父亲马广函在得知儿子于安庆捐躯成仁，遗骸难归，便拿出那条珍藏的剪辫，抚辫而恸，不能自已，并亲手持发辫供于宗祠马宗汉牌位下，嘱子女妥善保管。只可惜那条发辫在后来的浩劫中连同祠堂中的牌位一起被毁。

马宗汉用流星般的生命，点亮了当时黑暗的天空。正如马元佐所说，为了纪念烈士，当时政府设立了宗汉乡。根据《慈溪市宗汉街道志》，清光绪三十四年（1908）至宣统元年（1909），宋时属余姚的云柯乡析为9乡，境域为云漾乡、柯东乡，以及云潭乡、沭仁乡小部分。又一说是在1930年，余姚再次调整乡、镇规模，云漾乡析为崔陈乡、柯中乡、漾东乡、庵东镇，柯东乡析为宗汉乡、永宁乡、眉漾乡、眉中乡、眉南乡、二四乡、仁寿乡、福缘乡。7年后，崔陈乡、柯中乡、漾东乡合并为潮界乡，眉中乡、眉漾乡（部分）并入宗汉乡。它们构成了今天宗汉街道的前身。

宗汉乡之设立，无疑重塑了这块"唐涂宋地"，但更重要的是，它在上接向海而生的拼搏、冒险、奋进的围垦文化的同时，给这块土地注入了革命的红色基因，让其在面对未来的发展时，有了充足的底气和不屈的意志。

第一部分 风起

第一章　黎明时节唤"黎明"

跳出"农门"万丈高

1946年生于宗汉周塘西村的马信阳，和马宗汉"隔"得有点远，但是这并没有割裂他和马宗汉之间的联系。

从小的方面来讲，他和马宗汉还有某种亲缘关系。他曾经翻阅过自己的马氏家谱，发现尽管他家和马宗汉家的祠堂不是同一个，但他们有同一个祖宗——蜀江公。作为移民，他们都有着一种冒险、奋斗的精神；此外，他们在为人处世上有颇为相似的地方。就像马宗汉的祖辈们"豪爽重诺"、为人仗义，有贤名，马信阳至今还把"仁义礼智信"五个大字挂在自己的办公室里。事实上，这五个字是马家的排行，像他叫"信阳"，他的父亲叫"智成"（后改为"志成"），他的爷爷叫"礼全"，而他的先祖叫"仁千"。再往前推，他似乎还有一位叫马忠二（1315—1396）的祖先。根据马信阳在自传《我家创业百年史》中的描述，"在明朝朱元璋当政的洪武十一年（1378），今天的慈溪浒山、宗汉一带发生了严重的潮患。先祖马忠二奉旨督修海塘。工程竣工，潮患解除、效益明显、安定一方，获朝廷嘉许，先祖因此获得'郡守'一职的封赏"。

从大的方面来讲，马信阳深受马宗汉带来的"恩惠"——正是因为像徐锡麟、秋瑾以及马宗汉这样的革命党人抛头颅、洒热血，中国才艰难地走出了传统帝制，进入近代化大转型，直至"中国人民从此站了起来"。

某种意义上，和马宗汉比邻甚至同宗，让马信阳整个家族乃至他们所生活的这片热土都深受鼓舞。马宗汉鼓舞着他们，要勇于打破旧世界，建设新生活。

对1946年出生的马信阳来说，他所面临的"旧世界"，跟马宗汉所面临的略有一些不同——多了日本侵华战火的肆虐（尽管1945年抗战取得胜利，但侵略带来的伤害经久不消），以及国民党反动派的剥削，不过，也有些相同，那就是贯穿这片热土历史的"人多地窄"，日子难以为继。

尽管祖先马忠二的付出，一度保住了脚下的这片土地，但是，随着大批移民的到来，虽不断地向海要地，围海造田，却依旧跟不上日益增加的需求。在自传中，马信阳就描述过他爷爷那一辈所面临的窘境。首先是住得差，继承了太爷爷在马家路义字地村"里弄"留下的几间小屋中的两小间，面积小，还低矮破旧；其次就是没有地，爷爷和两个兄弟总共就继承了一亩五分地——这就要了命了，每个人分五分，反而谁都施展不了拳脚，最后，三兄弟只能采取"轮流耕种"的方式，每3年轮一次。

"我们慈溪人多地少，想在农业上改善生活，用锄头、刮子（一种多功能的长柄农具，可耕种、挖土或除草）这些原始的农具来发展农业生产，是根本不可能的，"马信阳说，"我们唯一的出路就是跳出去，才能高，跳出'农门'万丈高。"

工商业也就成了他们跳出"农门"的好方式。事实上，随着陶成章、徐锡麟乃至马宗汉在内的革命者对西方富强之路探索的深入，我们在启蒙救亡的路上认识到，发展民族资本主义工商业是中国御敌强国的根本之法。从带有实业救国色彩的"振兴商务""以商立国"思想，到明显具有实业救国倾向的"定为工国""以工立国"思想，再到张謇的"棉铁政策"……无一不是实业救国的重要尝试。而孙中山也提出过《实业计划》。

所以，一方面是为了实业强国，另一方面，也是为了在非农领域找到填饱肚子的方式，工商业就成了一种必要的选择。

像"宁波帮"中的很多"大咖"，比如吴锦堂、"五金大王"叶澄衷，以及来自三北的虞洽卿，纷纷投身上海，通过经商开辟出自己的一片天地。直到今天，三北人在生意上的表现，还是让人津津乐道，比如"做生意要吃苦耐劳，学生意的时候，早上起早，店堂要扫，吃饭要快，走路要跑，活头活脑，里外管牢，眼观四方，生意学好"。当然，在"西风美雨"熏陶下的宁波人，也开始投资工业企业。

说起来，三北尽管是向海要来的盐碱地，但盐业之外，倒是可以种棉花。这也让宁波出现了中国最早的民族资本机器轧花企业，也就是"宁波帮"鼻祖严信厚投资的第一家企业——通久源机器轧花厂。

马信阳家族的转变，也是自这"工业"开始的。

它也就此成了这块土地的"预言"。

从合家到分家

一次偶然的机会，马礼全见到了土制轧花机。

尽管在相当长时间内，他对机器的使用还停留在木制牛耳车、木制弹棉机上，但是使用机器的高效率，还是让他很是着迷。1907 年，马礼全开始用木制的"土机器"轧棉花，以土办法从事籽棉加工皮棉。大约在1925年，他买回来了一台"洋车"。

不过，因为没钱，所以马礼全并没有给这辆洋车配备动力，只能靠脚踏。但这无疑让马礼全成为三北地区舍弃镰刀锄头，探索工业企业的先驱之一。加上大儿子马志友逐渐长大，被马礼全推荐到宁波环城南路建善坊瑞宝先生的"正昌花庄"学做生意，也让马家的家庭工厂在宁波有了销售点。大概因为和宁波之间的往来增多，宁波的"成泰花庄"等也成了马家比较稳定的商务合作伙伴。

某种意义上，正是因生活所迫，以及前人的示范、引领，让马氏家族找到了新的生存方式。这也让宗汉乃至整个慈溪在乡镇企业的发展上占得先机。

在马礼全手上，他的家庭企业越做越大，拥有了属于自己的轧花车间。车间内安放轧棉机13台，马礼全还为它们配备了引擎（煤气发动机），机型分别有16马力、24马力，有专门的柴爿间。采用机器动力后，棉花脱籽能力大大提高，生产的皮棉产品远销多地。

马家的经济形势也因此有了根本性好转，不仅购买了左右乡亲三四十间房屋，并且新建了当时农村少见的楼房：5间二层小楼及3间高大厅房。自马家路至五灶桥丁字路口南端、马家大路两侧很大的地块，都是马礼全所置之业——这个大家庭展现出一派欣欣向荣的局面。到1927年前后，马礼全的家庭企业也取名为"马如盛花行"，有了自己的招牌。1930年，他又添置机器，开始兼顾碾米。

只可惜，这样的好日子并没有维持多久。由于日本的侵略，尤其是这些豺狼于1941年春先后攻占了宁波、余姚，马礼全的经营秩序由此被彻底打乱。加上皮棉在外运途中，屡遭劫匪的勒索和抢劫，导致工厂经营困难，流动资金枯竭。雪上加霜的是，因为日军的飞机轰炸，马礼全年仅31岁的二儿子马志法英年早逝。这也沉重地打击了马礼全。

不得不承认，马礼全人如其名，在忍痛给子女分家时，对自己寡居的二儿媳俞浓彩格外照顾，不仅把家中临街的两个房间分给了她，而且还分给了她一部16马力的引擎，希望能帮衬孤儿寡母的生活——尽管这部机器在分家之后的好多年，都处于闲置状态，没有被利用起来，但是，也正因为这一引擎的存在，再添置配套的砻谷机、轧米机，让儿媳在1950年前后得以和马信阳的堂兄马信渭、新街村的陈茂连，还有雄剑、胡海林共办了一个私营米厂——工人轧米厂，为周边农户提供稻米加工服务。兜兜转转，马家以另外一种形式再创业。

值得一提的是，在抗日战争及解放战争期间，马信阳的大伯马志友曾因经常接触革命队伍——来自四明山革命根据地的马育儒、马承烈等人，走上了和前辈马宗汉相近的革命之路。1944年，按照新四军浙东游击纵队（老百姓习惯称三五支队）领导郭静唐指示，由马志友出任永昌商行经理——这所诞生于浒山板桥头的商行，名为商行，实为向浙东抗日根据地提供军需物资的渠道。这一年，马志友供给四明山根据地的物资，仅土布就有5万多匹。也正是在这一年，同为宗汉马家路人的陈甫卿回乡任学校代课老师。日后，他在回忆录中这样描述永昌商行："1945年9月上旬，'永昌商行'择日开张，以收购土布、棉花为主，马育儒任总管，马志友任经理，我任庶务兼出纳。永昌商行是公营的，属行署工商局领导。工商局局长郭静唐是马育儒的老领导、老战友。他们早在1925年至1927年大革命时期，就在家乡一起闹革命了。"

不过，永昌商行并没有存在多久。在日本宣布无条件投降之后，游击纵队迅速解放了浙东三北广大沦陷区。同时，陈甫卿也随纵队参加革命。

后来，为了配合党中央的重庆谈判，彰显共产党维护国内和平的决心，同时集中党领导的武装部队，为解放战争积蓄力量——新四军浙东游击纵队奉命北撤，商行关闭，而马志友遭到国民党反动派逮捕，并连累到了马如盛花行。这也是马礼全最终决定"分家"的一个重要原因。

尽管在安土重迁的农耕中国，大家都推崇大家庭式的生活，分家无疑是对家长的权威或者尊严的一种损伤，而这也意味着马家再难以集中力量做大做强，但是，为了这个国家的未来，包括马家在内的无数中国人前赴后继，不怕牺牲，才最终为我们迎来了当家作主的好时代。

好在薪火相传，就像后来的工人轧米厂，让马礼全的心血一直延续下来，并在日后的演变当中，变成了能够回溯的、具有一定历史地位的中国乡镇企业之一。

"黎明"来了

对马氏家族来说，新中国的到来，不仅圆了所有人的梦想，也让马礼全的子女有了自己的舞台。

随着浙江省会杭州在1949年5月解放，当年游击纵队的主要领导人之一的郭静唐任工矿厅副厅长，由他牵头的国营企业"元丰公司"宣告成立了。马志友接受郭静唐的委任，任该公司副总经理，而马志成则担任该公司在浒山所开设办事处（地址在今慈溪市解放中街双眼井头路南）的主任。尽管兄弟天各一方，但心同在元丰，力同往元丰使。而这公司与他们当年个人创业相比，经营范围广（包括棉花、棉布、大米、日用百货等）、业务数量大（面向全省的商业系统进行大宗物资批发）、工作更加从容。只是，日后此起彼伏的政治运动，还是极大地影响到了他们。

第一部分　风起

　　工人轧米厂也一度遇到了政策上的关卡。1953年6月，中共中央起草了《关于利用、限制、改造资本主义工商业的意见》，主要政策意图是要将私人工商业改造为计划经济下的公私合营。1954年2月，"一化三改造"（在一个相当长的时期内，基本上实现国家工业化和对农业、手工业、资本主义工商业的社会主义改造）确定为过渡时期的总路线。工人轧米厂批办改名为"慈溪县新业临时粮食加工厂"。1956年1月，新业响应"一化三改造"号召，从私企转入农业社成为社办厂，这才缓过气来。农业社的名字——"宗汉黎明农庄"鲜明地体现了国家的现状。加入这个农业社的新业，也因此更名为"宗汉黎明农庄粮棉加工厂"，工厂性质由股份制变更为集体所有制。为此，新业将自己的16马力引擎、17部洋车都交给了农庄。

　　2018年4月12日，浙商博物馆召开了"中国乡镇企业起源学术研讨会"，依托强有力的档案支撑，经专家学者反复考证，确认慈溪县宗汉黎明农庄粮棉加工厂是中国现存能够找到确切翔实资料的，且至今具有完整沿革传承的第一家乡镇企业。

　　马信阳也坚信这一结论是符合历史实际的。要知道，乡镇企业的前身就是社队企业。此前，成立于1956年2月的无锡春雷造船厂被普遍认为是中国第一家乡镇企业（社队企业），但是它的成立时间并没有档案文字记载。唯一可知的，是当地先兴办了春雷农业高级合作社，随即办起了春雷造船厂，即春雷造船厂的成立是在春雷农业高级合作社之后。而在慈溪县粮食局保存的一份《粮食志》中则记载，宗汉黎明农庄粮棉加工厂于1956年年初转入农业社。另外，马信阳还保留着父亲马志成60多年前担任该厂会计时记录下的工作笔记，查阅笔记里所记录的账目可知，1956年1月1日新业临时粮食加工厂已加入农庄（农业高级合作社）——从这里可知，马志成在元丰公司之后，兜兜转转，最终还是回归到这个让他百感交集的企业，并亲身见证了它的属性变迁。

但不管是春雷，还是黎明，这些企业能出现在苏南或浙北，印证了乡镇企业的发展，必须和当地的经济条件挂钩，依托相对开放的政策环境和已有的工商业基础。与此同时，乡镇企业的出现，在帮助国家在当年有限的资源条件下，统一原材料市场和消费市场，并进而实现工业化的同时，也给了很多农民变成企业家的机遇。

厂如其名，黎明农庄粮棉加工厂主要经营的是棉花脱籽、稻谷轧米。当时农庄的负责人是陈桂尧，加工厂的负责人则是马信渭，他还一并兼任技师。职工还包括陈清章、马忠福、邹雄见、钟云治、马厚仙，以及马志成——当时他出任工厂会计。当然，还有一些不固定的农民临时帮工。曾在1953年参加抗美援朝志愿军，并在随后5年的部队生涯中立过3次三等功的马厚仙回忆说："（我）在1957年回乡复员回来后，农业社的负责人陈桂尧叫我（到）轧米厂做工人。当时我就知道这个黎明农庄粮棉加工厂是1956年的春节就转成农业社了。"

相对来说，17岁就到工人轧米厂当工人的马忠福，应该是黎明农庄粮棉加工厂的"元老"了。"工人轧米厂是私人的，是马如盛花行分给二房俞浓彩的。"2017年年底，已是82岁的马忠福在自己的手写稿中回忆说，1954年工人轧米厂改名慈溪县新业临时粮食加工厂后，俞浓彩因故离开了，马志成是会计，马信渭是技师，因为还有胡海林、陈茂连、俞浓彩等人的股份，加上他，正好6个人。

他还记得，慈溪县新业临时粮食加工厂的存续时间不长，因为"一化三改造"来了，直接转到农业社去了，改了名字，但地址还在老地方，"就是原来马如盛家"。当年的黎明农庄粮棉加工厂不但加工粮食，还轧米磨粉，而且还轧棉花。因为村民对轧米轧棉花的需求很大，所以生意一直兴旺。在旺季时，五灶桥停满了装稻谷的船排队等候轧米。这时就得开夜工，吃了夜饭还要加工粮棉……一船船的稻谷运进来，一船船的大米运出去……

黎明农庄粮棉加工厂初起时，马信阳差不多也10岁了。所以多多少少对它还是有一些印象。那时候厂里忙忙碌碌，所有人都不怕苦、不怕累。和马忠福的回忆相似，他也记得当时河埠头的轧米船和轧花船起起落落的景象。为此，他的父亲还买来了汽油灯，将夜晚的工厂照得一片通明。虽然工作时间起早落夜，噪声震耳欲聋，即使每个人都穿着围裙、袖套，戴着那种带有"耳朵"的帽子，但是在当年脱棉、轧花的环境当中，棉絮漫天飞，所以个个还是像雪人一般。不过，没有一个人叫苦，因为一是可以通过这个工厂挣饭吃，二是可以为乡民服务，"我当时的感觉就是他们既辛苦，又为他们感到自豪"。很快，这个加工厂也迎来了转机。

"1960年4月，是我永远不忘记（的）日子。"马忠福说，"黎明农庄粮棉加工厂搬到七甲祠堂去了，机器和工人都搬过去了。"不过，"志成公公迟了一些日子，马信渭有工伤也迟去上班。当时七甲祠堂有个人造棉厂，人造棉厂是地方国营的，它弄棉秆皮织布不成功……"

宗汉综合厂旧址（宗汉马家七甲祠堂）

说来，这又是一个"有趣"但也充满着尴尬的故事。1958年，慈溪当地打算充分挖掘慈溪棉花资源的潜力，探索"将棉花的秸秆皮用于纺纱织布"的"新技术"，所以成立了这个人造棉厂，地址就设在七甲祠堂。而这项"新技术"所采取的方法是：先是将棉秆皮入水浸泡；待其腐烂之后，抽取棉秆上的纤维丝；最后，将纤维丝用于纺纱织布……马信阳在自传《我家创业百年史》中写道："应该说，这项'新技术'不是没有经过'实践检验'。相关部门甚至还用这个技术提取出了'棉秆纤维'若干，并且还织出了一块'样品布'，以此证明：这是科学，不是空想。但最终的事实证明了一点：这个所谓的'科研成果'，并不能应用于现实的工业生产。"所以，"当'人造棉厂'的工厂招牌在我们宗汉挂起来之后，人们很快就发现：用这个方法织不出布，更不用说批量生产了——显然，这是一件让人不安、让领导尴尬的事：厂子刚刚建起，工人立即失业。这事传出去会遭人笑话、影响不好。所以，出于救场目的，企业领导尽力让人造棉厂转产石棉布。可是，石棉制品生产必须采取机器轧制，这涉及动力驱动的设备。当时，政府也在推行工业机械化，怎么办呢？于是，在相关领导的指令下，爸爸所在的黎明农庄粮棉加工厂的全套连机器、连爸爸本人在内，一同搬进了人造棉厂。两厂合并，开展轧米和轧棉业务。挂的牌子，却还是名不怎么副实的'慈溪县地方国营人造棉厂'，以示人造棉厂仍然在正常运作。"

不过，这倒是让黎明农庄粮棉加工厂"麻雀变凤凰"，成为当时宗汉境域仅有的一家"国企"。但因为织不出人造棉，工厂最终还是变成了社办厂。

不纠结在人造棉上，倒是让工厂找到了更多的发展之路。首先，它剔除了棉秆织布项目，转产石棉制品加工（只是不久之后，石棉项目也被砍掉，原因不详）；其次，维持轧米厂运作；最后，扩展经营范围，增加了再生布与麻袋加工业务。所谓再生布加工，就是通过一定的渠道，把社会上被人废弃的服装厂下脚料、新布角及工厂可循环使用的花絮收集起来，弹轧成花絮，然后再把这些花絮分发到各个农户，让农户各自在家纺成棉纱，并交给社办厂，社办厂再统一将棉纱发给织布农户，编织成棉布。棉纱和棉布都由农民家庭用手工完成。厂里对这些棉纱、棉布进行质检验收，按质量等级支付给农民一定的加工费。

潮起潮涌

麻线拨车和纺棉丝车

东方红公社综合纺织厂土纺土织麻线收发窗口

第一部分 风起

土法生产的麻袋、棉纱和麻线

所谓麻袋加工，就是向产麻地区收购黄麻、红麻等原料，把这些原料运到慈溪。然后，工人将麻原料在水里泡上几十天，使其腐烂成脱皮的熟麻，再将其轧成麻絮。接着，将这些麻絮分发到各个农户，由农民各自在家纺成麻纱，织成麻布，缝制成麻袋，再交还给社办厂。社办厂对这些产品质检后按照质量等级支付加工费。"在家乡当地，我们管这个行业叫'土纺土织'。"马信阳说，"尽管用这种方法织出来的东西，很难保证质量，更难出精品，但是在缺衣少食、布料供应非常紧张的当时，我们社办厂生产的再生布也有人要。当时，全国的土特产公司、食品公司、许许多多工农业企业都需要包装用品，但缺乏麻袋、布袋等最简单的包装材料。爸爸知道杭州有家浙江麻纺厂，是国内同行业巨头。但由于种种原因，它产能闲置、产量萎缩，导致市场上麻袋供应形势更加紧张。由于社办厂经营土纺土织，直接瞄准的是社会需求的空当，所以在生产初期，工厂生产的几种主打产品也有销路。"当然，马信阳也承认，在从事麻袋生产方面，社办厂也不是没有遇到困难，"这个困难不是出在麻袋的销售环节，而是出在麻袋原料的采购环节。爸爸常常外出，为采购合适的黄麻、红麻而四处奔忙"。某种意义上，马志成算得上乡镇企业的初代"采购员"了。

在马忠福的印象中，经营土纺土织的时候，这个社办厂已经叫"宗汉综合厂"了。"在公社的农民都可以为我们宗汉综合厂加工土纺土织，都可以搞副业收入，宗汉综合厂发展很快，从10余人发展到300多人，后来就不断分厂，像母鸡生蛋一样，分了很多厂。从宗汉综合厂开始分成了东方红农副产品加工厂、东方红农机厂、东方红塑料纺织配件厂、东方红袜厂、东方红汽车附件厂等大批社队企业，整个公社都发展起来了。"

"东方红"这个名字源于20世纪50年代后期全面开展的社会主义建设。通过将高级农业生产合作社的小社并大社，人民公社运动在全国蔚然成风，最后"政社合一"，取代原有的乡镇，行使乡镇职权，而原先的农业生产合作社则改称生产大队。在这一段特殊时间内，宗汉乡一度改名"东方红公社"。与此相类似的是，宗汉附近的长河和周巷也合并为"火箭人民公社"。这也让乡镇企业的前身——社队企业变得更名副其实。

也就在这个于1960年与人造棉厂合并的社办厂内，马志成工作了整整20年，贡献了他人生中年富力强的阶段。

对宗汉来说，黎明农庄粮棉加工厂以及日后的宗汉综合厂，尽管在今天似乎名誉加身，但在当时作为一个社办厂，在中国实行计划经济时代，处境其实挺尴尬的。一方面，它没办法平等获得城市里那些国营大厂在国家经济领域里的待遇，得自己找原料，自己找销路；另一方面，它要想获得生存机会，只能在夹缝中寻找空间，寻找那些国家的大厂、小厂都看不上眼的工业项目，"也就是那些利润率低、工序烦琐、所有国营大厂都不愿涉足的项目，社办厂才能进来捡漏，觅得一线生机"。

但正如宗汉综合厂从10余人发展到300多人，它给了更多人向非农产业转移并觅得饭碗的机会。

某种意义上，黎明农庄粮棉加工厂之所以被视为中国第一家乡镇企业，除了起始时间更早，还在于它的生命具有延续性，并没有成为断代的"遗迹"。无疑，它的开花结果，点燃了整个宗汉乃至全国众多乡镇的创业热情，让更多的人不断投身其中。尽管谁都不知道将会遇到什么，但无可辩驳的事实是，黎明总会到来，太阳总会照常升起。

第二章　短缺经济下的"草创期"

"草根"们的推销生涯

在庙山村至今还不失整洁、干净以及气派的小洋楼中，我见到了这位 1942 年出生的"80 后"——陆金龙。他竟然让我生出亲切的感觉，只因为他是一位真正的推销员。在我老家桐城，曾经有一段"十万大军跑推销"的经历。他的故事让我想起老家，也更深刻地理解当年像桐城这样资源贫瘠的农业之地，是如何找到自己的生存之道，甚至在全省脱颖而出的。

1969 年，刚从部队退伍的陆金龙，就已经是公社的红人。因为解放军的威信很高，公社领导找到他家来，要他去公社上班，去的地方，就是东方红农副产品加工厂。如前所述，当时宗汉的乡镇企业虽办得红红火火，其实也潜藏着各种困难，那就是在这个没有多少资源、市场也没有那么大的地方，要想办好这些厂，需要有人跑"供销"——把原料引进来，把市场打出去。哪怕慈溪是棉花种植大县，但对乡镇企业来说，供应还是不足的。所以，前有马志成，后就有陆金龙。在外多年的他，无疑符合家乡人对他"见多识广"的认知。

对早期的黎明农庄粮棉加工厂，陆金龙是知道的，只是没有经历过。但东方红农副产品加工厂一下子将他和它的距离拉近了。这个加工厂主要做废花废棉纺织，也就是土纺土织。他记得自己第一次出差的目的地，是共和国的长子——东三省，具体地点就是今天的佳木斯。东三省位于三江平原，加上又靠近当年的"老大哥"苏联，所以有很多的皮棉加工厂，能从那里拿到一些边角料回来加工，赚点差价。他记得那时的东北生活比较艰苦，让他觉得不适应的是，那里吃的是馍馍和苞米，不像南方吃大米。但是比起这种生活上的艰难，他更忧心的是，这种加工虽然能赚点外快——纺好的棉花交上去，好一点的6毛5分一斤，差一点的4毛一斤，几斤下来就能解决家里的油盐，但是光靠废花废棉还是不行，那属于小打小闹的低端加工。要想发展乡镇企业，必须有更好的产品。

正好当时厂里有两台很小的注塑机，生产很小的产品——鼓轮，价格是4分一个，主要是用于缫丝机器里的部件，卖给杭州的经纬商店。因为到处跑需要坐火车，旅途中有时间去思考，陆金龙就想，缫丝机器这么大，除了小鼓轮，其他的零部件我们难道就不可以做吗？后来他到开封一家缫丝厂，问："我们家生产的两个小鼓轮，你们要不要？"对方答："可以用。"但对方的兴趣点显然在其他产品上面，反问说："你们能生产缫丝机的其他产品吗？"面对这样的机遇，陆金龙想都没想，毫不犹豫地应承下来："可以。"摆在他面前的，还有一个利好，那就是他打听到，生产这些零配件的主要是广东佛山的一家机械厂，但因为特殊原因不生产了。这大概也是开封那家缫丝厂对他的问询表现出兴趣的一个重要原因。甚至，他们还大力推荐他到四川走一走，因为四川的每个县、每个公社都有缫丝厂。一听到这个消息，陆金龙连家也不回了，立马发电报，告诉厂里情况。厂里也大力支持，又给他打来了300元的费用。

第一部分　风起

他去的第一站，是南充缫丝厂。今天回忆起来，他还记得当时的激动心情。因为这个缫丝厂很大，关键的是，它们的设备"缺衣少食"——像鼓轮，由于没有供货方，所以它们找到成都的一家注塑厂给做配套。但是，成都那家的工厂显然没有这方面的经验，做出来的产品让整个机器抖动很大，所以缫丝的效果很不好。换上他带的鼓轮，效果就变得很不一样。这里面就涉及一个技术问题，那就是鼓轮里面所用的钢丝，需要拉直再装进去。今天看来这其实并没有太大的技术含量，但它却能让产品的质量高下立判。南充缫丝厂的供销科长也因此给他竖起了大拇指，接着就询问价钱，结果发现，他的报价比成都那边足足便宜6分。供销科科长立马就下订单，要他发10万只过来。这却让他发愁了，因为家底他很清楚，即使加班加点，也赶不出这么多，所以，他说他让厂里先发一两万只过来看看。

也就在等待厂里发货的一个星期内，他住进了缫丝厂的招待所内，不仅心情好，而且对方招待得也很好。关键是，对方还将厂内的其他工人都喊过来，看看他们又有哪些方面的需求。有需求的，提供样品，然后赶紧发回家里，让厂里立刻开模具。更让他收获颇丰的是，对方还给他介绍四川其他地方的业务，不仅将各地的缫丝厂介绍给他，还将各厂的联系人推荐给他。等他一到当地，就能立马接上头。前前后后，他在四川逗留了一个多月，为厂里拉来了35万元的生意。厂里也因此鸟枪换炮，注塑机从2台变成了15台。

除了有目的地东奔西跑之外，陆金龙在平时的生活当中，也会留意身边有没有商机。有次去广州，是去拜访爱人的姐姐，结果在她家楼下，他发现了一家农业生产资料公司。而在他的兜里，有农业生产所用喷雾器的喷头和开关的样品。说起来有点"好笑"，这些样品是他从乡里某木业社

"顺"来的。于是，他问姐姐，这店里的人认识不认识，姐姐说认识，他就说想跟对方聊聊。结果，对方对此很有兴趣，但说自己的店很小，而且所有的货品都是上一级公司给配送的。所以生意做不了，但是对方可以将他推荐给自己的省级站。这又是老天给他打开了一扇门。在省级站，接待他的刘先生开口就要50万对开关、50万对喷头。这倒是把他给吓着了。因为那时开关是1元一个，喷头是2毛5分一个。加起来就是1元2毛5分，再乘以50万，这是多大的加工业务？所以，他根本不敢耽搁，赶紧跑到邮局，给厂里发报打电话，让他们赶紧买模具，买注塑机。最后，全员加班加点，一定要把这桩业务拿下来。

这是陆金龙人生中一段难忘的经历。乡镇企业的发展必须靠自己下海扑腾，只要努力，还是能找到自己生存的空间。甚至，这种状况一直延续到改革开放之后。很难想象，当年的合同中居然可以"理直气壮"地提出"款凭运单支付"。换成今天的话说，只要有发货的物流单或者快递单，对方就得打钱。这就导致有时产品还没到对方单位，款就到账了。这就是正宗的"卖方市场"。

此外，从他跑推销的经历也可以看到，乡镇企业若想发展，必须不断地突破自己，从低端加工向新兴行业靠拢。陆金龙之所以成功，一个原因是及时地抓住了塑料行业这个新兴市场，另外一个原因就是，及时转型，从做加工转向做加工设备，产品附加值也变得更高了。

就在陆金龙生意做得风生水起，甚至被公社重用时，马信阳也努力地在这条路上奔跑着。说起来，他的供销员生涯还要早于陆金龙。1967年，马信阳终于也走上了"创业"的路——一边教书（此前，作为初中毕业生，他被推荐为小学老师），一边跟着父亲外出跑供销。第一次出差是从上海到武汉，在上海，父亲带他去虞洽卿路（今西藏南路），告诉他虞洽卿就是慈溪人。然后还带他去南京路看永安、先施、大新、新新这四大公司，以及附近的老凤祥银楼、邵万生醉货、叶大昌茶食、宓大昌烟业。父亲还告诉他，宁波人开的都是钱庄、银楼、药店、茶食、船埠、运输公司，这让他对身为宁波人这件事自然而然地生出一股自豪感来。不过，面前的江湖，让他既兴奋又有几分担忧。

在汉口，马信阳和父亲一下船就直奔武汉市土特产公司。"此次出行，我是学生角色，我被要求'带着耳朵和眼睛'，少说多听，用心学习……"马信阳在自传中写道，"爸爸熟悉商务礼仪。在商业洽谈场合，爸爸表现得自然得体。他戴着一副眼镜，衣服笔挺、脸含微笑、彬彬有礼；他初次与人见面，会主动递烟点火、客客气气，不会怠慢场面上出现的任何人；他跟人交流，说着带上海口音的普通话；他对客户介绍自家产品时，能侃侃而谈、如数家珍；他对客户提出的顾虑，能耐心倾听、对答如流；每当遇到冷场，他总会有话题接上，拿自己经历的糗事开玩笑，以活跃气氛；爸爸受人关照时，总是不忘及时表达感谢；赞美别人更是他的习惯。爸爸待人真诚，他走到哪，他的朋友就交到哪——并且在很短的时间内建立了交情。这是爸爸在生意场上的'看家秘籍'。一般来说，对我们的登门拜访，生意伙伴会予以招待茶水、礼貌接待。在很多时候，我们经手的一笔笔供货订单，就是在这种喝茶聊天的气氛中落笔敲定下来的。"

马信阳的描述，给我们展现了一个"老牌推销员"的成功形象。这样的供销员，无疑是马信阳的最佳老师，也是依靠。这也帮助马信阳在闯荡供销的江湖时，遇到问题，只要求助父亲，总不至于空手而归。

1970年前后，随着宗汉综合厂的业务不断扩大，马信阳通过考核成为综合厂的正式一员。但是，和父亲那种还带有一些优雅的职业生涯有些不同，充斥在马信阳记忆中的，是无数的"难"。

一是出行难。买张机票都要排队10多天，即使这样，还未必能买得到。所以，常常要坐速度奇慢的绿皮火车。去南方还好，但如果要去北方的话，就得过长江。因为南京长江大桥1968年才通车，所以在那之前先得坐火车到南京，再靠船把火车运过江。整列的火车没法运，只得把一列火车化整为零，最后分送到对岸的浦口码头，再集零为整。前后过程一般需要4个小时，所以特别考验旅客的耐心。有座位还算是好的，就怕中途上车，只能靠硬站，如果人一多，甚至难寻立足之地。下火车时，很难通过车门正常进出，不得不靠爬车窗来完成，就像一只猫似的。这个时候的他谈不上有什么尊严，也顾不上什么尊严。

二是住宿难。在西北小城住店时他曾被跳蚤咬得彻夜难眠。但是比起这些小城，到上海、北京、天津、杭州这些大城市，反而更不容易了。一方面这些城市是众多中国人的旅行目的地，来这里的旅客实在是太多，而用于接待旅客的旅馆设施又太少，供需缺口太大。另一方面，当年国家实行计划经济，包括旅馆业都在被计划的行列。在上海，你要想住宿，必须去苏州河边上的旅店介绍所，再由介绍所指定或者安排旅客到某一个对应的旅店。所以，为了解决住宿问题，有时就不得不栖身于"澡堂旅馆"。但这里除了湿气大、人员杂，还得提防"三只手（小偷）"。所以打起瞌睡时他总是提心吊胆，睡不踏实。

三是吃饭难。让马信阳至今记忆犹新的是两次出差，一次是去河南，饿了一天，最后晚上在旅馆里"抢到"了内部供应的一碗粥——这碗由南瓜、大米、小米混合熬制而成的粥，虽然只有一碗，但让饥肠辘辘的他，倍感幸福。还有一次去四川泸州下面的一个县城，吃饭时点菜没有其他的东西，只有豆腐乳。最后没办法，只好拿豆腐乳下饭。

但更难的还在对政策的把握。"当年我跑业务的时候,我们厂的生意只能是来料加工性质,承接委托方的来料加工,赚取加工费,在当时的理论上'加工'好像就不是资本主义剥削行为。但我们实际上的生意涉及原料购进和产品售出,还涉及厂房、设备、技术等一摊子的事,比较复杂。"马信阳回忆,"另外还有一种生意做起来倒是简单,那就是商品流通方面的生意。经营者只要捕捉到市场信息,筹措少量资金就能展开。但是,由于这种生意的基本形态是买入卖出、赚取差价,政府将这种经营行为明确判定为剥削,是投机倒把,是'走资本主义道路'。它被政策明令禁止,违禁者会受到批斗。"

"这是一个很高的政策准入门槛,个人很难跨越,必须有变通的方法。想硬闯,不可能。因此,我跑业务时期,就是以集体名义搞农副产品加工,社队企业才借此获得悄悄发展的生机。"

但是,对在贫困线上打转转,靠着一株稻一朵棉艰难度日的农民来说,哪怕有一丝让自己改变命运的机会,他们也不会错过。

夹缝中的"变通"

今天,被人戏称为"无轨电车"的胡长源,在那个年代就已经开始展现自己善变通、不按常理出牌的特点。

和马信阳的家庭出身有点相似,他属于"移民",也不算是农民家庭出身。但不相似的是,马信阳是职工,而胡长源的家庭应该算是小手工业者。他的父亲当年做的是石匠,属于家传手艺。

胡长源一家移民到慈溪,大概也是跟慈溪围海造田有关系,大量的人过来,自然就有了安顿、居家等需求。而传统的造屋,就得靠石匠来进行。所以靠着手艺，一家人还能饱暖。到了土地改革时期，全家五口人（爸妈、两个姐姐及自己）还分得了一亩多的地。因为父亲去世得早，1946年出生的他，14岁就工作了。

虽然一开始也种了几年田，但骨子里的手工业基因，让胡长源还是不愿被禁锢在土地上。尤其是在1962年，"七千人大会"召开，农村放开了自由市场。这让他感受到了来自大地的某种鼓动。到1966年，他终于有了一展身手的机会，到余姚开始做表带加工生产。

也正是在这一年，新成立没两年的天津五一手表厂通过自行设计和研发制造了一款新型机械腕表，最终定名为"东风"，而这款划时代的产品就是后来"海鸥"表的前身。国产制表业的发展，让"三转一响"（亦称"四大件"）自20世纪50年代后期开始，逐渐成为这个国家的时尚名词。包括手表、自行车、缝纫机和收音机在内的"四大件"，成了那个时代众多普通家庭希望拥有的"奢侈品"。

当年的手表，有不锈钢的表带，像极了坦克的履带，戴上后嫌长，就从履带中取出一截来。当然，也有很多是皮质表带，皮质表带上大多需要打孔，然后再加上其他铜配件，方便日后的佩戴。很多人以为每个品牌的手表都是自己独立生产的，事实上，它们大多是"分包"到上下游。胡长源就敏锐地发现，这是一个很好的机会。

问题也有，那就是计划经济时代，他不能个体办厂，只能找社队合作。社队出"背景"和少量资金，他出人力、物力。但办了厂后，国家也一般只给批6个月的营业时间（超过了就是"搞资本主义"）。但这难不倒他，他想的办法是，在一地注册一个工厂，生产6个月之后，再换另一地再注册，再生产。换句话说，就是"打一枪换一个地方"。所以，从20世纪60年代末期到整个20世纪70年代，他的足迹遍及宁波、台州和

第一部分　风起

温州，哪里允许他办厂，他就去哪里。中间的1969年，因为思想回潮，他又不得不回去种了一段时间的田。但不得不说，在那个时代，只要有机会，做任何东西都能发财。他在台州时，一个月能赚75元，交给社队30元，他还能留45元，也算是一笔巨大财富。到1979年，他已然是当地首屈一指的万元户了。

不过，比起胡长源的"打游击"，乡镇企业的发展还更有赖于一些老干部、老党员的支持。

他们中间不乏很多"根正苗红"的人。像穷小子出身，在1958年上半年凭借出色的工作成绩被选为高王乡党委委员兼高王二大队支部书记兼乡团委书记，负责全乡共青团工作和村里各种事务的岑尧云，在管理渔业队、开办面粉厂之后，还相继办了五金厂、石棉厂、麻厂、榨菜厂。1972年，又创办了二大队塑料五金厂。为了办好这家五金厂，岑尧云从慈溪周巷买来了3台手扳压机，1台电动压机，以及6台五金车床，而厂址则选择在原榨菜厂。这个五金厂主要生产螺丝帽以及配套沈阳微电机厂的电话机、电动塑料配件。

和岑尧云年岁相仿、曾当过儿童团团长、16岁便成了乡团委委员的邹林元，也在1966年前后成了社队工厂的牵头人，负责生产麻、石棉，还有用废花纺织粗布和手套。正因为他后来兼任了社队工厂的书记和厂长，直到今天，很多人见到他，还会尊称一声"邹书记"。

和胡长源的"暴富"有些不一样，这位书记记得当年一个月赚33元，但得交32元给生产队，自己只留1元。但他无怨无悔。

在他们看来，办厂除了可以为公社积累资金，还可以增加额外收入。多年从事农业的他们，深知农业劳作的辛苦。尤其是对身材相对单薄的邹林元来说，挑着120斤的灰渣到田地作肥料，实在是过于挑战自己。当然，拨动他们创业心弦的，还是1966年颁发的"五七指示"。在这一指示中，毛泽东要求全国各行各业都要办成"一个大学校"，这个大学校"学政治、学军事、学文化，又能从事农副业生产，又能办一些中小工厂，生产自己需要的若干产品和与国家等价交换的产品"，"也要批判资产阶级"。

这也意味着，虽然还有各种约束条件，但农村办工厂也不是不可以了。

由农业生产逐步走向工业制造

马信阳在不断地迎难而上的过程中，同样遇到了"天降好运"。

1973年，他前往乌鲁木齐出差，由于没有成果，只能黯然往回走，打算在沿途某些市县再作停留，争取做成一两笔顺路生意。庆幸的是，他买到了列车的卧铺。也正是在卧铺车厢里，他遇到了一位老者。老者是四川人，从军队转业后分配到新疆工作，担任的正是喀什市供销社主任。这正是瞌睡的人遇到了枕头。马信阳赶紧向老者介绍自己所从事的工作，而且侧重介绍自己正在推销的麻袋和再生布劳保用品手套、围裙等，这也让对方逐渐有了兴趣。当马信阳准备在兰州站下车时，老者终于开口让他不要下车，而且答应买下马信阳随身带的麻袋和劳保手套。这让马信阳不禁喜出望外，意识到自己这是遇到了贵人。事实证明也是如此。他随后跟着老者在宝鸡下了车，不仅"蹭吃蹭喝蹭住"，在陪老者结束在宝鸡的访友之后，还得到了一份合同。

他记得这是自己销售麻袋和劳保手套以来成交额比较大的一份合同。"这次意外的偶遇，让我们建立起了深厚的友谊。没过多久，他给我寄来一封信，提议我到新疆去工作。他在信里说：喀什是一个很大的农产品出产地，尤其是这里出产的红枣、葡萄干、哈密瓜等果品，产量大、品质好，在全国都有名。他想在喀什供销社下面办一个麻袋厂，以解决供销系统内的果品包装问题……"这也让马信阳把老者当贵人，老者则把他当能人。甚至，老者还建议马信阳带上爱人，还承诺负责将他们两口子的农村户口转成国家商品粮户口，并将负责安排他爱人到喀什一家友谊商店当营业员。这对马信阳来说，无疑是天大的诱惑。然而，父亲马志成却有不同的意见，"我跟爸爸商量这个事情。我爸的意思是：我在老家跑外勤已经'上路'，这是一份很不错的工作，跟社会上的很多人比比，已不逊色"。可谓是爸爸的一席话，断了他的念想。不过，马志成也提议，他的四弟马信厚还在生产队务农，找不到工作，不如将这个机会让给四弟。只是后来，这样两全其美的打算，半途夭折了。

马信阳心里清楚，老者看中了他，未必能看中四弟。他其实是没有资格替他来选人的。不过他没走成，还是给宗汉的乡镇企业发展留下了一位人才。

马信阳也不后悔。他在自传中写道："经过一两个月，甚至两三个月的艰苦跋涉，谈成一笔笔业务，手握一张张订单回乡时，我会受到英雄凯旋般的接待。家乡的父老会尊重我，工厂的同事羡慕我，单位的领导会表彰我。因为我为大家做了件好事，我为大家带来了改善生活的机遇。"

不过，在跑业务期间，马信阳除了关注麻袋、土布、劳保手套等产品的外销和相关原料的购入之外，还在关注其他项目，因为他慢慢意识到了一个问题："我们村办、社办企业现在从事的主业，表面看起来生意一片红火，带动了那么多人就业，但从另外一个角度看，我们做的这些项目都属于劳动密集型产业，它们都处在纺织产业链条的末端，技术低端，产品附加值太低、利润率太低。在一个地方发展经济之初、在培育工业制造业的草创时期，将这些项目作为过渡是可以的，但一个地方如果对这些项目形成依赖，恐怕存在问题。"

不得不说，马信阳和陆金龙英雄所见略同，这让他们最终殊途同归。此后，宗汉综合厂旗下又成立了一家塑料纺织配件厂，主要用来生产缫丝机的塑料零配件。这个产品就成了马信阳要跑的新业务——和陆金龙当年足迹远至四川不同的是，马信阳主要的推销范围除了四川南充一带，还有周边的杭嘉湖地区，以及珠三角地区。但是，陆金龙当年切入这一产业相对较早，马信阳再进入时已非黄金时期，问题也在马信阳跑市场的过程中逐渐展现出来：缫丝行业毕竟是一个很小的行业，尤其是当时人造丝绸产品不断面世、高档仿丝面料的市场售价相对便宜，这就明显约束了天然蚕丝织品的生存空间，导致这个产业迅速萎缩。因此，马信阳在经过一段时间的摸索后，很快就放弃了这一块，把精力用于开发另外的项目上去了。

岑尧云也在1974年遇到了一些麻烦，和胡长源在1969年遇到的情形有些相似。"全国农业学大寨的运动深入开展。我们高王乡发展的主流趋势又回到农业上来。"岑尧云回忆，"我带领着全村800多个劳动力，在三塘到四塘之间平整土地，填河塞沟，把驼背田改造成可种水稻的良田。同时新造3个机埠，确保水稻灌溉方便。我还特地在县农林局局长何伟清那里批了一台变压机，确保旱涝保收。通过第一年的奋斗，三塘到四塘206亩地改造成功。到了第二年早稻获得大丰收，亩产800多斤。晚稻也能收400—500斤。与往年种棉花亩产100斤相比，种水稻的经济效益大大增加。"岑尧云记得，当年的支部书记是邹林权同志，支部分工则由自己负责。尽管在农业上得心应手，颇有成绩，岑尧云最终还是被命运推向了工业，"正当我村的农田基本建设暂告一段落时，市里的一位老领导上门做工作,要我到市水利局下面的渔机厂工作"。因为该厂经营不善,一直不景气,"有人建议:'尧云同志在火箭公社创收有名气,在村里也搞得非常出色,是否请他来试一试。'我想村里的工作已步入正轨,无论是农业还是企业,只要沿着我们现在的思路发展,应该不会有问题"。因此,此时已经44岁的岑尧云接受了领导的邀请,放心地去渔机厂担任支部书记兼厂长。

正是因为有马志友、马忠福等人的开拓,有陆金龙、马信阳这些供销员的奔忙,有像胡长源这样善于变通的"无轨电车",也有像岑尧云这样听从政策的号召或者上层的指示而领衔创办乡镇企业的干部,让慈溪出了许多队办厂、乡办厂,"逐步由农业生产转向工业制造"。

而且,也正因为他们在塑料制品业上的作为,全国首个乡镇塑料市场创办于宗汉,从而让宗汉成了当时全国唯一的塑料之乡。这曾深刻地改变了徐娣珍的命运。她和爱人胡明龙在货船运输领域创业转型的过程中,调头就做起了塑料生意,从此"洗脚上岸",并一路狂奔。

回忆起自己的创业生涯时,包括徐娣珍在内的创业者们,都在感激这片土地。这片曾经被海水浸泡千万年的土地,不仅养育了他们,而且在多年的力量积攒下,正孕育着新一轮的生机,只待东方春晓。

第二部分 勃发

第三章 "虽然我没有钱，但我一定要利用好时间"

从放"米胖"走向创业

20世纪70年代的后5年，无疑是对全体中国人极其重要的几年。

首先是在1976年下半年，迎来了对"以阶级斗争为纲"这一极"左"路线的告别。两年后的5月11日，《光明日报》发表《实践是检验真理的唯一标准》。也就在这一年的12月，中共中央在北京召开了十一届三中全会，冲破长期"左"的错误的严重束缚，彻底否定"两个凡是"的错误方针，高度评价关于真理标准问题的讨论，重新确立了党的实事求是的思想路线。从此，全党的工作重点和全国人民的注意力转移到社会主义现代化建设上来，"改革开放"的大幕在中国拉开。

这一年前后还有两件大事。其一，就在这大幕即将拉开之前，安徽凤阳小岗村18位农民冒着坐牢的政治风险，秘密签下一份协议，把属于集体的土地承包到农户，由农民自主决定种植品种和结构。按照承包土地的数量，农民向国家和集体交纳一定的税赋和提留后，剩下的全部归自己所有——这也就是日后耳熟能详的"完成国家的，留足集体的，剩下的全是自己的"。此后，"家庭联产承包责任制"在改革开放的春风吹拂下，像燎原之火，迅速在全国燃烧起来。

其二，就在这大幕拉开后不久的1979年1月31日上午，时任香港招商局常务副董事长袁庚走进了中南海，向中央领导汇报交通部计划利用招商局在广东建立工业区的设想。听完袁庚的陈述，中央领导拿起铅笔，在地图上的宝安县南头半岛，也就是今天深圳的南头半岛画了一个圈。沉寂数千年的蛇口，开始绽放出它的光芒。在纪录片《红色财经·信物百年》中，曾解读过蛇口初起时的故事：那时为了建设蛇口码头，解决工人出工不出力、工程进展极其缓慢的现状，袁庚采取了一个大胆的举措：每多拉一车石料，就奖励司机4分钱。当天，工地上就沸腾了起来。按劳分配、多劳多得，每个司机一个月的奖金加工资能达到100多元。4分钱的奖励制度，激活了整个生产队。但也就是这4分钱，引来了多方质疑，有人甚至认为，这是"奖金挂帅"的历史倒退，叫停的红头文件随之而来。幸好，中央领导获悉此事后及时作出了批示，对蛇口实行的奖金激励的做法予以了肯定，沉寂了4个月的蛇口工地再次变得车水马龙。超产奖励的制度，让工程整整提前了1个月完工，为国家多创造产值130万元，而工人的奖金只占他们多创造产值的2%。1981年3月的一天，袁庚写下了"时间就是金钱，效率就是生命"的口号，并让人做成标语牌竖在工业区里，这是这句口号在历史上的首次公开亮相。遗憾的是，这块标语牌仅仅维持了3天就宣告夭折。口号中的"金钱"与"效率"这种市场化观念，让很多人难以接受。当时他一定不会想到，这个标语最后也树在了很多人的心里。

当时13岁的马化腾，从海南搬家到深圳读初二，"我们家旁边就是正在建的国贸大厦，我记得当时看到一个标语'时间就是金钱，效率就是生命'。"马化腾回忆当时，"所有人的内心，熊熊的烈火，创业的烈火,发展的烈火,改革的烈火,就这么燃起来了。"毫无疑问,"时间就是金钱"直接把时间与财富画等号,"浪费别人的时间就等于谋财害命"。

正是这种时不我待、只争朝夕的时间观,催生出国贸大厦"三天一层楼"的"深圳速度",催生出敢闯敢试、敢为人先、埋头苦干的改革精神,也从宝安县的母体中催生出了一个不同凡响的大深圳。

而远在宗汉庙山村的陆汉振也被这句金句刺激得心里一"振"。他暗暗下定决心:虽然我没有什么钱,但我一定要利用好时间。

这位1955年生人读完高中就因为家庭的原因而不得不休学,但他骨子里是一个爱折腾的人。根据和他的对话,以及他所提供的一本小册子《时代见证》,知道他在高中毕业后,经人介绍在当地的庙山小学当过一段时间的民办代课老师。学校一共才5个班级,约200个学生,都是本地人。他教的是初年级,学生是套读的,所以语文、数学都教。只是这份工作干了约半年,因为被代课的老师回来了,他自然得让位,回去务农。生产队给他定的工分是四分工。按当时生产队工分价值的折算,每分工约0.12元,也就是说,陆汉振每天的劳动,只赚0.48元。所以,《时代见证》中假设说:"如果陆汉振生性老实认命的话,他就会像他的祖辈一样,一辈子脸朝黄土背朝苍天,在祖先遗留下来的土疙瘩里刨食吃,每年为糊口养家的五谷而劳苦终生……"

但陆汉振毕竟是陆汉振。他不甘被束缚在土地之上。他选择挣脱的一种方式是,趁着秋收庄稼归仓后的农闲季节,租上一架放"米胖"的机子,扛在肩膀上走街串巷放5分钱一车的"米胖",也有"玉米胖"——今天还有人会在街头巷尾看过这种放"米胖"的情景,一般是白发苍苍而没有什么劳动力的大爷在做这种事情。他会将一定量的米放进那种肚子圆滚滚的爆米花机里，然后不断给它加热，但为了受热均衡，他需要不停地转动爆米花机。最后，等时间差不多了，再打开爆米花机的盖。此时爆米花机内部积攒的高热高压就会裹挟着爆米花喷涌而出，同时发出巨大的响声。这时如果有围观的孩子，他们会一边眼馋那即将出现的美味，一边又忙不迭地捂耳朵躲闪。还没放几天"米胖"，陆汉振就破坏了"祖先"定下的规矩——师傅告诉他，放"米胖"必须15分钟为一炮，而火必须是"温火"。陆汉振当时想，15分钟只赚5分钱加工费，似乎太少了一点，一天下来不到1.5元。于是他试着改进"火候"，使筒的受火面积增大，试着在15分内放三炮。通过不断改进，试验成功。这意味着他放"米胖"的效益，比别人高三倍。这也是他利用时间提高效率的初次尝试。他用挣来的钱买了一辆自行车，也因此成了村里第一个拥有自行车的人。日后，他在创业时告诉自己的工程师、技术员，"世界上有许多事情，只有人想不到。想到了就可以做到，只是一个试验的时间问题。我们的目标就是压缩有效试验的时间，使目标得以尽快实现"。

在放"米胖"之外，陆汉振还去慈溪后海的四灶浦水库厂学刻过模具，做过模具师傅和其他至今已鲜为人知的行当。前前后后，他在社会上摔打了6年，直到1978年，此时已24岁的他经人介绍在庙山村的一个小得不能再小的塑料五金厂当助理会计，算是有了稳定工作。今天再回过头看，这是一个极不起眼的职位，但就是这个职位，还是他经过多方努力才获得的。而且，介绍人一路上再三叮嘱他到厂内服从领导，尊重同事，早上班，晚下班……尽管这是出于好心，却让陆汉振有些悲哀，想自己在外闯荡多年，还是被人当成十几岁的毛头小伙学徒工。更要命的是，他去的那个五金厂由于资金的先天不足和设备简陋，很难接到业务，即使有业务，也无法正常生产。

第二部分　勃发

在焦虑、浮躁、彷徨中度日如年的陆汉振，把自己关了很久，终于悟出："这世界原本没有什么规矩，规矩是人立的。现在党中央政治清明，邓小平副主席让我们摸着石子过河，我何不试一把？"于是，他主动请缨，请求当业务员，也就是搞供销。这样一来，倒是发挥了他放"米胖"、刻模具时走街串巷培养的特长，在一次次"求爷爷告奶奶"中，他从国营企业获得了一笔业务，而他本人，也在这笔业务中赚了1000多元。这在当时也是一笔不小的钱，尤其是对长期处于贫困状态的陆汉振来说，这是他人生道路上掘得的第一桶金，更弥足珍贵。

有了钱之后，陆汉振开始思考接下来该干什么。是自己做生意，还是将资金投入自己工作的五金塑料厂。对前者，他不是没想过，但是他觉得这样有点太自私。他不希望自己只做一条溪水，而更应该是容纳百川的海洋。再者，自己的工厂虽然有了业务，但依旧不时徘徊在倒闭的边缘。它一倒闭，便意味着一伙人要失业，而失业意味着他们再次陷入贫困。他也不希望看到这样的景象。

这样一来，他未来的路就清晰了，那就是继续扶持这家五金塑料厂。1981年，他向村里提出了承包这家工厂。

摆在他面前的问题是，家庭联产承包责任制虽然如同燎原之火，到这一年更进一步，"包产到户"开始推行，但是在工业领域，这样的尝试会有人响应吗？

在最短的时间内建立自己的"王国"

所幸，陆汉振遇上的是改革开放的战鼓不断敲响的时代。来自东方的春晓，将大地不断地撕开裂口，而盎然的绿色，也纷纷破土而出。

在一些地方，工业企业领域也出现了承包经营的大胆探索。这种承包经营也就是所有权和经营权放开，比如所有权归国家或集体，但允许个人承包经营。其中影响最大的，当属首都钢铁公司（简称首钢）。1979年，首钢被国家选定为放权让利试点企业，随后3年首钢利润年均增长45%，上缴国家利润平均增长34%——可以说，承包经营调动了无数人的积极性，它也让中国的国企，以及无数如野草一样遍及全国的乡镇企业，迈出了体制改革的第一步。

而在与慈溪隔杭州湾相望的海盐，也冒出了一位步鑫生。这位出生在海盐一个裁缝世家的八级裁剪师，于1980年出任浙江省海盐县衬衫总厂厂长。初次接手时，该厂还是固定资产仅有2万元，年利润5000元的小破厂。在"大锅饭"时代，厂子里的员工毫无积极性，库房里还堆着几十万件衬衫的库存，老工人的退休金也发不出……但是，步鑫生用他的勇气和魄力，以及手中的剪刀，剪开了中国企业改革开放的帷幕。他抓生产效率，推行"联产计酬制"，实行"实超实奖，实欠实赔，上不封顶，下不保底"；抓产品质量，提出"谁砸我的牌子，我砸谁的晚饭"。他还砍掉"铁饭碗"制度。规定请病假每天只发4毛钱生活费，对平时表现好的员工可以额外补助，对懒惰员工则毫不犹豫地辞退；此外，他变革营销方式，创立自己的牌子，花巨资打广告……改革的成效立竿见影。1983年，该厂成为海盐县首家产值超千万元的企业、浙江省最大的专业衬衫厂；到1985年，全厂职工已经超1000人。

尽管步鑫生在日后几度沉浮，但他的改革举动无疑契合了全社会正在形成的改革的共识和意愿，进而真实地影响了一批企业家。"国企承包第一人"马胜利就宣称："我是学了步鑫生的事迹才搞起改革的。"

步鑫生亦曾一度影响了马信阳。这个名字也出现在马信阳的自传里。

第二部分　勃发

他觉得步鑫生的出现是时代的必然，也是乡镇企业要发展的必然。他清楚地记得，改革开放后，"在我们宗汉公社，农民对生产队的土地搞'包产到户'不再偷偷摸摸，而是变得合理合法、理直气壮。在工业方面，新办的工厂明显多了起来，基层的领导们越来越重视辖区内的工商企业发展"。但问题也随之而来，那就是这些企业属于集体所有，"经营权、用人权都由公社领导掌握，企业的人事安排要经过公社领导的批准。在员工招收方面，公社领导一般会倾向于照顾辖区内那些特困户和残疾人，或者其他领导们认为合适的人选。所以，公社领导熟悉的亲友、生产大队的领导的亲属进厂工作也比较多。可是，如果一个企业里的员工全靠内定而没有外聘，非常不利于企业正常的经营和发展"。所以，搞承包经营也是乡镇企业脱困的一个很好的方式。

1981年，慈溪县委在转批县农委党组《关于认真搞好一九八一年收益分配工作的意见》的通知中指出，社队企业（乡镇企业）是人民公社集体经济的组成部分。不仅鼓励发展，而且企业利润情况好的，可以多发给生产队和个人。宗汉对此积极响应。

陆汉振如愿承包了村办五金塑料厂。这也让他豪气地宣称：雪球滚得再大也会消融，而他的目标是要在庙山村建立一座与大地连在一起的冰山……但问题也随之而来，那就是他承包的塑料五金厂，设备少而且低端，工人生产处于原始状态。为了扩大生产，他开始挨家挨户筹款。他先向父亲借钱，但父亲也没有钱，只有准备为几个子女分家造屋的几根木条。结果陆汉振便把自己的这一份给卖了，换成钱。他又找村里东家借100元，西家借几十元，最后凑到了几千元，借期一年，全用于给五金塑料厂增添设备。不过，一年后陆汉振却失信了，父亲把他另外两个儿子起屋造房的木料再次卖掉，还有一部分实在是还不了。从这里也可以看出，

潮起潮涌

当年企业家的起步也不是那么一帆风顺，在具体经营上依旧面临着或大或小的困境。不过，改革不断融化着墨守成规的坚冰，也打开了企业家的思想。1982年春，当陆汉振和他的几个同事到某地一家国营企业参观塑料生产流程时，突然有一个皮球般的旧塑料尼龙丝团滚到了他的脚边。他抬脚踢了一下，那球就骨碌碌地弹跳着滚回去。顺眼望去，他看见这家企业在墙角边堆放着许多这样的废旧塑料。一个念头就像一道闪电一样，点亮了他的内心。

那时的陆汉振是这样想的，如果把这些旧塑料尼龙丝加工成汽车轮胎生产上紧缺的帘子布，岂不是变废为宝？而这种废旧塑料在各地生产企业中到处都是……不得不说，多年的人生历练以及对市场的认知，激发了他的灵感，而这灵感又反过来给了他更多的力量，以及改变困境的机会。为此，他还多次来到上海福州路，整天泡在新华书店和图书馆，查阅大量有关塑料行业的书籍资料，又通过朋友了解相关信息。其中一条信息让他很振奋："日本小岛化工厂在1978年曾利用锦纶6废丝生产帘子布，当时国内有人考察研究过，但因条件不成熟而放弃。"这更是为他彻底指明了方向。

这个爱折腾的、对时间的流逝特别敏感的农民企业家，终于找到了一生挚爱的行业，更关键的是，他一旦爱了，就全情投入。

这个"爱的结晶"，就是宗汉改性塑料厂。它也是金轮集团前身——慈溪锦纶总厂的雏形。只是厂子成立后，他面临的问题一点也不比以前少。

1984年春，在陆汉振准备上锦纶帘子布产品时，他所筹建的宗汉改性塑料厂接二连三地发生了几桩愁事。一是一辆装着塑料产品的货车到厂时竟被人抢走；二是出差途中，他藏在袜子中的800元被盗，最后落得身无分文，在异乡向朋友借盘缠才得以返厂。更要命的是，尼龙-6废丝加工切粒又在技术上面临着难题。他不得不顶着一双"熊猫眼"，带人赶往江苏太仓塑料厂，但是那边并没有熟人，只能靠运气瞎撞。果然，在门口，他们这群衣衫不整、满脸灰尘、黑不溜秋的"乡巴佬"，理所当然地被门卫拒之门外，不让参观。陆汉振并没有放弃，在缠住门卫结结巴巴地诉苦说自己办厂的曲折的同时，又是递烟，又是说好话。最后对方终于被打动，在请示领导之后，同意他们进厂参观，但只许一人，而且时间限制为一个小时。尽管如此，陆汉振还是看出了一些名堂。回去后，他就和同事利用简单的设备，夜以继日地投入锦纶帘子布的设计研究与产品开发之中，结果当年就初尝甜头：企业创产值22万元，利润为3万3000元。

陆汉振的成功，无疑生动地诠释了何谓"四千四万精神"。这种在胡宏伟眼里源自温州的精神，随着陆汉振等人的生动演绎，在全国遍地开花，且更加鲜明。毫无疑问，体制改革激发了很多人的积极性，也让他们更愿意付出和牺牲，所以更不吝于"踏尽千山万水、吃尽千辛万苦、说尽千言万语、历尽千难万险"。当然，在精神的背后，也少不了创业者的眼光和格局。除了发现废旧塑料可以变废为宝的商机，陆汉振能成功，更得益于改革开放的到来，让汽车产业逐渐成为这个国家的支柱产业之一，而它也和人民的出行紧密关联。日后李书福、尹明善等人进军摩托车领域，进而制造小轿车，无不出于这样的逻辑。

陆汉振也用了半年的时间，带领着创业者几乎走遍了全国的锦纶生产厂家和科研单位，对市场进行了充分的调查研究，更加确信利用锦纶废丝再生塑料织成帘子布成批生产的方式，不但可以填补我国化纤纺织业上的一大空白，而且市场需求巨大，开发前景光明，大有可为。

据专家统计，1986年全国帘子布产量远不能满足需求量，尽管国家每年进口万余吨帘子布,但在专业市场仍是有价无货,存在着巨大的缺口。

时间就是金钱,效率就是生命。这一句话再次敲打着陆汉振的心扉,让他加快了开发生产的步伐。他必须在最短的时间内建立起属于他自己的"王国",以扩大规模在市场进行持久有力的竞争。

1986年10月,"在一次领导班子决策会议后,陆汉振一脚踢开他坐了几年已经折断一条腿的破藤椅,从一间简陋的10平方米的厂长办公室里走出来。"《时代见证》一书生动地还原了当时的场景,"(随后,陆汉振)向他的职工作出了令人震惊的宣言:建造一座建筑面积为2700平方米,年产2000吨帘子线的锦纶纺丝大楼,总投资250万元,一年内回收投资。并在1990年实现'四个一':产值1个亿,利润1000万,固定资产1000万,职工1000名。"书中写道:"这'四个一'宣布,无疑在当时还贫穷落后的庙山村放了一颗重磅炸弹。"有人曾经怀疑陆汉振的脑袋出了毛病,就连厂里的许多职工,脸上都写着大大的问号。但这"四个一"同时也像一块磁石,牢牢地吸引住了跟着陆汉振一起创业的人们。时隔不久,来自锦纶纺丝大楼的第一根桩就打进庙山村这块昏睡千年的土地。它像是一根充满魅力的魔针,使庙山村的200多户农民看到了希望,"但陆汉振这时却患上了黄疸肝炎,躺在工地的工棚里一边输液,一边指挥着他的部下销售生产出来的锦纶帘子布,催付债款,回收现金,以保障大楼工程款雷打不动地支付。一边催命般地督促工地建筑包工头,创造他所谓的'锦纶速度',保质保量完成大楼的施工任务"。果真,仅用了7个月的时间,一座年生产能力达2000吨级、约上万平方米的锦纶纺丝大楼从土建、设备安装到投产一气呵成,闪电式地在庙山村这块古老的土地上崛起。"锦纶一厂的建成,由于产品质量与信誉得到保证,便迅速地打开了市场,产品出现供不应求的好势头。当人们刚想松口气的时候,陆汉振却又已胸有成竹，不动声色地告诉他的部下，他已把年产5000吨级的锦纶帘子布设备订好了，马上上二厂……"

慈溪县锦纶厂开业典礼

1987年6月28日第一台纺丝卷绕机组投产，标志着慈溪县锦纶厂正式开业

在陆汉振的心里，一直有这样的焦虑，那就是他要趁着大家还没反应过来的时候做大规模。等别人都上了，自己实力如果不够，那就容易被淘汰。所以，他不仅要趁热打铁上二厂，而且必须在一年内建成一条由聚合、纺丝、织布、浸胶等几道工序组成的国内一流的生产流水线。所以他准备集资2500万元，比一厂投入增加10倍，保障年生产能力为5000吨，比一厂的效益翻一番。

"再生锦纶"帘子布产品鉴定会于1987年12月9日在慈溪县政府招待所举行

陆汉振在鉴定会上介绍产品开发过程

第二部分 勃发

在这样的发展逻辑下，陆汉振"以两年建一个新厂的速度'超常规、跳跃式'发展"，分别于1989年、1991年、1993年建立了锦纶二厂、三厂、四厂，"帘子布年产量一举达到4万吨，位居国内同行首位"。1990年，锦纶总厂实现年产值1.13亿元，利润2000万元，职工3800名，成为宁波市第一家产值超亿元的乡镇企业，受到宁波市委、市政府的嘉奖。1989—1991年，锦纶总厂连续助力宗汉工业产值居宁波各县（市）乡镇之首。次年，慈溪市锦纶总公司成立，陆汉振任党委书记、总经理。

"停止意味着落后，落后使人痛苦。"此时的陆汉振又有更大的蓝图。也就在1992年6月28日，他在厂庆5周年的报告中大胆宣布：将原本单一的锦纶厂快速打造成一个涉足"化纤纺织、热能发电、机械制造、房产开发、国际贸易"等五大行业的企业集团。会后，立即成立发展部进行大规模的建设，到1993年就快速形成了颇具规模的金轮工业开发区，成员企业达30多家，1992年成立的金轮能源发展公司（包括热电厂、自来水厂、污水处理厂），同年又成立宁波锦华铝业有限公司。同年11月28日，浙江省首家企业集团组建的慈溪市锦纶信用合作社经中国人民银行宁波市支行批准正式开业，办理城镇集体企业和个体、工商户的存款、贷款和结算，代办保险等其他业务。1993年成立宁波星星实业有限公司（包括色母粒厂、服装厂、电器厂等）。同年，宁波锦纶摩托车厂开建。同年12月30日，慈溪市首家股份制企业宁波锦纶股份有限公司成立，企业朝着现代企业制度管理模式大踏步前进。1994年3月经国家经贸委和国家工商行政管理局批准设立"中国金轮集团公司"。超常规、跳跃式的思路使得企业生产规模迅速扩大：1993年至1996年连续4年，金轮集团产值雄踞浙江省乡镇企业第一名，帘子布产量达到4万吨，国内市场占有率跃至35%，一举夺得全国首位，成为亚洲最大的锦纶帘子布生产基地，从而结束了我国帘子布依靠进口的局面，反而成为出口大国。

1994年2月，当第一批8.41吨帘子布（价值19.36万元）出口印度后，金轮集团的产品更是远销欧洲、美洲、非洲、中东、东南亚，作为一个乡镇企业，金轮集团喝上了国际帘子布市场当中的"头口水"，随之与全球50余家著名的轮胎企业建立了长期友好的业务合作。也就是在1995年，金轮集团被评上了中国企业界的最高奖——1994年度全国优秀企业（金马奖）。次年，陆汉振也荣获"全国十大杰出青年企业家"称号。

为了提升"金轮"品牌的知名度和美誉度，公司还出资冠名杭州至北京、杭州至广州两趟列车为"金轮号"。1996年2月10日，陆汉振亲自到杭州城站参加首发剪彩仪式并向"金轮号"列车长授牌，陆汉振被授予"名誉列车长"证书。

伴随着列车的进发，"金轮"品牌也走进了千家万户。它总让人联想起那在铁轨上滚滚向前的车轮，也总让人联想起东方欲晓时那一轮喷薄而出的红日。

无疑，春雷阵阵的响声，催生出了一个"大干快上"的时代。谁都怕晚了一步，就错过了登上新时代的车票。

大展拳脚

20世纪80年代中期，是无数有想法的人不约而同大展拳脚的时期。尤其是1983年，宗汉撤销了公社建制，"宗汉公社""东方红公社"都被废除，恢复以前"宗汉乡"这个名称。相应地，当年的社办厂也变成一个真正的乡镇企业。

马信阳也因此信心百倍。此时的他，不再是供销员，而是成了浙江慈溪纺织器材厂的副厂长——这家工厂的前身正是慈溪县东方红纺织器材厂,可以一路溯源到他爷爷那里,如今又重新"回到"了他的手里。也正是在他的主导下,实现了厂名的更改。一个时代也随着这个厂名的转换,而实现了翻页。被翻过去的,还有麻袋和劳保用品这类低端产品的生产。也正是在他的提议下,企业的经营项目定位于"纺织器材",开始生产针织输线轮和输纱器等这一类纺织机械的配件。

多年来,中国一直是世界上数一数二的纺织大国,全国各地拥有难以计数的纺织厂。然而,当时国内织布机喂纱还在采用木制梭织,这也导致大部分纺织厂的纺织效率都不算高。马信阳曾在上海去往青岛的火车上偶遇青岛第一针织厂研究所所长,在漫谈中了解到针织布行业发展的技术瓶颈——要提高单台机器的织布质量,必须扩大幅宽、增加纱路、加快转速,但机器高速多路又会造成纱线张力波动、断纱断针,无法编织。国内外专家都在研究如何攻克这一难题。说者无心,听者有意。马信阳后来就想,如果能研制出一种使织机宽幅多路且张力均匀的喂纱装置,将会大大提高针织圆机的生产速度和质量。"这将是对中国针织工业发展的巨大贡献!"这也是浙江慈溪纺织器材厂选择做输纱器研发的一个重要原因。但马信阳没想到的是,他竟要为此投入整整 8 年时间,并付出巨大的心血。

在这期间,他积极走访各类国内专家,频繁奔波于上海针织科学技术研究所、上海纺织科学研究院、上海纺织机械研究所、青岛第一针织厂研究所,与这些机构共同研究开发输纱装置。这个项目还被列入了"国家火炬计划"。甚至,他还将自己硬生生地逼成了一个纺织业的"学者"——为了更好地和专家交流、沟通,他购买了《纺织学》《纬编针织学》等教科书,几乎每天晚上都在刻苦研读,力求对机械技术、电气技术、纺织技术等跨学科知识融会贯通。

　　此外，为了得到更好的结果，他将试验放在上海第七纺织机械厂研究所进行。在1988年春节后的最后冲刺阶段，为使试验反复不间断地进行，他连续3个多月住在上海大世界旅社，连妹妹结婚也没回家。

　　1988年，随着第一批输纱器走上浙江慈溪纺织器材厂的流水线，走进慈溪大大小小的纺织工厂，一切终于功德圆满。

三种早期研发的输纱器

　　浙江慈溪纺织器材厂在慈溪的企业发展史上，也开创了好几项"第一"：慈溪第一家成功开发"国家级重点新产品"的企业、慈溪第一家入选"国家火炬计划"的企业、慈溪第一家成功开发"国家星火项目"的企业、慈溪第一家参与起草"国家行业标准"的企业……更重要的是，它推动了国内针织由小圆机向大圆机发展。换句话说，浙江慈溪纺织器材厂创造了通过功能性关键部件带动整机升级的奇迹。日后,国家纺织工业部特意把"国家双面大圆机攻关项目"技术鉴定会放在慈溪举行,也是对马信阳及这只输纱器的巨大认可。这只输纱器,便是日后在业内鼎鼎大名的"太阳洲"输纱器。

慈溪针织布厂购买的慈溪首台大圆机

这也是中国纺织业走在世界前列的又一展现。要知道,在马信阳研发输纱器的时候,世界上只有英、德等极少数的几个国家在开发这个产品,而且这些项目启动的时间并不比马信阳早太多。

这也让马信阳苦尽甘来,成为行业的领头人。与此同时,他也在1987年由浙江慈溪纺织器材厂的副厂长升为正厂长,获得了工厂的经营权和人事权,这也让他获得了对工厂进行改革的机会。"对于一个改革者来说,搞改革往往要先从微不足道的地方开始,而马信阳的企业改革首先就从肃清'三竹'（竹椅、竹筐、竹杠）开始。运输物资，就用小推车替代木筐与竹杠；物资存放周转，就用塑料周转箱替代了竹箩筐；员工座席方面，就用四方木凳替代竹椅。整治厂容厂貌、改善工厂软硬件设施和运营环境就这么一点一点完成了。之后，马信阳又筹建新厂房、化解冗员，甚至还从步鑫生身上汲取经验，进一步打破'铁饭碗'。""慈溪发布"微信公众号于2018年刊文说："既然触碰了人家的饭碗，那么必然会受到抵制，可是马信阳深知自己已经无路可退了。改革最忌半途而废，马信阳咬紧牙关、软硬兼施，硬件建设和思想动员两手抓，最终凭着这股子韧劲儿破局成功，将企业带上了一条崭新的轨道。"

20世纪80年代马信阳在浙江慈溪纺织器材厂办公

此后，马信阳还办了慈溪针织布厂和宁波太阳微电子有限公司，它们最终和浙江慈溪纺织器材厂合并，成为现在的太阳实业。

第二部分 勃发

此时的岑尧云，也从渔机厂回到了自己的高王二大队，除了抓农业生产，以及党员群众思想，还抓企业生产。"发动群众，凡是有利润的厂积极创造条件办起来。"岑尧云回忆说，"我先后办过纽扣厂、涂料厂、塑料厂、五金调速机厂、铝铸厂，生产的产品也五花八门，全部销往全国各地。"这也让岑尧云所在的村精神面貌焕然一新，收入大幅度提高，位居高王乡8个村的榜首，落后村变成了先进村。1984年，岑尧云又结识了一位下乡的、父亲是杭大教授的知识青年胡大萌。在她的牵线搭桥下，决定从美国进口芯片，加工成光电耦合器后销往国内市场。为此，岑尧云先是向中国银行宁波分行贷到了5万美元，用于进货，"这么大的贷款金额，而且是从美国进口高科技产品，我们在慈溪还是第一家。"但说来有些好笑的是，"虽然贷了这笔巨款，但从贷款、付款，到产品进口都在银行内部进行"。岑尧云始终都没看见过那笔钱："没多久5万只芯片进口到了光电耦合器厂，芯片的大小与我们现在用的砂纸上的砂粒差不多，5万美元的芯片仅仅好像几张砂纸一样。"即使这样，经过一年的努力，"光电耦合器厂除去开支，产值达到80多万元，净赚60万元"。要知道，当时整个高王乡全乡年盈利也仅仅100多万元。"我们的厂成为市里高科技发展的典型企业，我也经常出席市工业大会，并在大会上发言，多次获得上级领导的表彰和肯定。"

然而，枪打出头鸟，岑尧云很快就遇到了麻烦。"1987年，随着社会的变迁，人心开始浮动，有的人私心膨胀，为了达到个人目的，假公济私，到处煽风点火，无中生有，歪曲事实，乱告状，甚至有个别人到我家门口大骂。"这也为他招来了纪委的调查，"纪委同志查了一段时间，查不出问题。"在上级领导的支持下，岑尧云稳定心情，重新出发，专心致志搞好企业。"但随着社会发展，要开发新的产品，才能有广阔的发展前景。"为此，岑尧云有意识地和儿子岑坚进行了商量，儿子认为现在市场竞争十分激烈，企业不可避免地产生优胜劣汰的情况。岑尧云则认为，根据自己多年外界接触和个人经验，"当前两个产品可以做：一个是做拖鞋，做拖鞋用工多，而且只要辅助力，生产成本低，这一巨大的优势可提升市场竞争力，但缺点是做这类产品门槛低，别人都可以模仿生产，越到后面竞争越激烈。另一个是选择附近没有人办过的激素厂，这个产品我1960年在鱼种场工作时就很关注，因为人工培育鱼苗时需要打激素（可以催卵）。考虑到社会上有那么多鱼种场，激素的销量前景非常广阔，等产品生产技术成熟后又可以从兽药转向人用药"。当然，岑尧云其实还想到了另外一点，那就是该产品用工少，但技术要求高，一般人都想不到，也不敢办。这也就减轻了很多竞争压力。不过，岑尧云同样面临着办激素厂技术要求高、市场风险较大的问题。但是，场地和目标都已经确定，岑尧云只能昂首向前冲。

只是，岑尧云并不孤独，因为还有无数新旧面孔，陪伴他一起，加入这支向前冲的队伍。

第四章　"四千四万精神"的"宗汉范本"

可口可乐瓶的妙用

忆往昔峥嵘岁月稠。恰"成泗"少年，风华正茂，书生意气，挥斥方遒。

1945年出生于马家路，因家庭经济条件只能读完小学就辍学的陈成泗，经历比较丰富：做过食堂会计、慈溪县委宣传部工作队的通信员、生产大队抽水机手、生产大队创办的粮棉加工厂负责机械设备的引擎师傅……加上喜欢学习、爱动脑子，所以今天出现在我面前的他，像个十足的知识分子。这也让他在乡镇企业逐渐发展而科技含量也越发重要的当时，有了用武之地。

在他做引擎师傅期间，生产大队上马手工作坊式的榨油加工项目，只是相比机械化榨油，这种传统榨油技术缺乏竞争力。在他的建议下，生产大队决定转向机械化榨油。不过当时全县只有国营机榨油厂才有榨油机，市场上根本买不到。最后，陈成泗通过向慈溪机榨油厂偷师，加上师父的帮助，采取榨油机绘图反砂加工、部分零配件购买的方法，花了近一年的时间自行组装了一台榨油机。让人意想不到的是，这台组装的机器经调试后效果良好,油菜籽出油率达到37%以上,比慈溪机榨油厂出油率33%—34%还高,立即得到慈溪县粮食局的高度评价。县粮食局还组织全县相关企业到加工厂召开现场会。"这一项目的成功让我感到无上光荣,获得很大的成就感。"

更让陈成泗坚定走工业化的决心,且离开始创业更进一步的是,他在杭州制氧厂当技术员、专门从事制氧空分设备研究的堂兄陈宝泳向生产大队建议,可办生产精细氯化钠的小型化工厂。因为制氧空分设备需要精细氯化钠产品,产品纯度要求很高,附加值也很高。这也让他近水楼台先得月,和本村大学生陈仁桥一起被生产大队委派,在陈宝泳的技术指导下着手试制。经过一年多无数次研制,功夫不负有心人,不仅试制成功,而且产品纯度达到99.5%以上。后来,第一批10吨产品供杭州制氧机厂使用,反映良好。为此成立的企业,也顺其自然被公社接受,并改名慈溪东方红化工厂。它在经营一年后,又被浒山区公所看中并改名为浒山区化工厂。陈成泗也在这个厂里当技术员,主要负责设备和技术改造。然而,随着国有大型化工企业的陆续投产,小型化工企业缺乏市场竞争优势,到1978年,经营7年的化工厂转产为浒山区化工针织厂,主要生产羊毛衫、羊毛裤、腈纶衫、腈纶裤等产品,由陆世常任厂长、陈成泗任副厂长,工作主要是市场开发,产品推销和原材料采购。"为推销产品,我带领几名业务员跑遍东北三省,通过半年的努力,在上海和东北三省建立起很多销售网点,一下子打开了市场。"简简单单的几句话,却蕴含着无数的艰辛。

和马信阳在火车上遇到了贵人一样,陈成泗也遇到了自己的贵人——浙江省乡镇企业局供销公司总经理凌幼铨,和他的夫人,主管全省乡镇企业轻纺原料的供应科长徐爱玉。正是在徐爱玉的帮助下,浒山区化工针织厂针织原料的供应基本上被满足了,同时,也正是在这对伉俪的帮助下,该厂还在省乡镇局所属杭州武林大厦设立了针织产品销售门市部，零售加批发业务因此一度做得相当兴旺。在这期间，陈成泗发现随着针织厂的增多，轻纺原料出现供不应求的现象。他赶紧抓住这一商机，申请成立了浒山区供销经理部，并任经理，主要任务是面向慈溪特色产业，做轻纺原料和塑料原料的采购销售。多年的供销经历让他发现，轻纺原料虽国内用量较大，但绝大多数都从美国、日本进口，"20世纪80年代初国内尤其是江苏省陆续兴办乡镇企业化纤厂，我认为自己生产化纤比经营化纤更有发展前途，"陈成泗说，"于是1984年年初向浒山区委领导汇报建议创办合成纤维厂生产丙纶长丝。"

这一建议得到了当时的区委领导的高度重视，在专门进行研究并向县政府汇报之后，决定筹办慈溪市合成纤维厂。经过10个月的努力，该厂于1985年6月5日正式投产，当年就创利润50万余元，1986年创利润超100万元，成为全县工业企业利润超百万元的五强企业之一。

慈溪市合成纤维厂外景

1986年纤维厂第一期年产300吨有色丙纶长丝，也正是在生产稳定后，陈成泗发现我国长毛绒玩具出口量较大，但长毛绒玩具填充料（又称胖胖棉）相当紧缺，全靠日本进口。于是他去北京国家轻工业协会咨询。"在国家轻工业协会领导的鼓励下，经向区委领导汇报，决定投资80万元新上年产1000吨长毛绒填充料丙纶短纤维生产线，后来发现丙纶短纤维当长毛绒玩具填充料并不理想，只能用于化纤无纺地毯。"于是他赶紧调转方向，找中国纺织大学（后更名为东华大学）合作，投资30万元，合作研制国产针刺无纺地毯生产设备，利用丙纶短纤维生产化纤无纺地毯。1987年年初，在丙纶短纤维及无纺地毯生产稳定后，陈成泗等人又掉回头，重新研究长毛绒玩具填充料的技术性能及生产技术。

在分析日本进口的长毛绒产品之后，"发现长毛绒玩具填充料是中空、多中空结构生产而成，其原料必须采用高黏度聚酯切片生产"。只是，这种高黏度聚酯切片原料当时在国内很少，找不到怎么办？

一次意外机会，他们发现可口可乐瓶就是高黏度聚酯。今天，可口可乐遍及各类超市、便利店，但是在当时，重返内地不过数年的可口可乐还是稀罕物。最后，他们找到广东客户，通过他们向美国进口可口可乐瓶的废料。结果，用这一原料生产长毛绒玩具填充料——多中空短纤维效果非常好，技术性能达到长毛绒玩具出口标准。"这一技术研制成功后被列入'国家火炬计划'项目，同时得到国家轻工业协会高度评价。"

不得不说，正是在这种时不我待的不断突破当中，陈成泗在创业路上越走越远，也越走越兴奋。

1989年工作中的陈成泗

　　日后的他，再次利用进口可口可乐瓶废料，研制生产仿马海毛原料大有光三角异形短纤维，并在研制成功后上了 2 条年产 3000 吨的生产线。生产的产品供不应求，为企业创造了更大的经济效益，并再次被列入了"国家火炬计划"。"至此我们在世界上首创了利用可口可乐瓶废料，生产高性能中空短纤维和三角异形短纤维这一技术，不但充分发挥了再生资源作用，还带动了这一大产业发展。"在倍有成就感的同时，陈成泗又继续瞄准新产品开发，比如找上海合成纤维研究所合作开发由 PP/PE 同芯复合 ES 短纤维即两种不同原料复合短纤维项目，重点用于一次性卫生用无纺布；比如与浙江大学合作研制开发低熔点聚酯和高熔点聚酯同芯复合 4080 短纤维，重点用于无胶棉、硬质棉生产……这些项目无不成功填补了国内空白，获得国家认可。

此外，陈成泗还根据国外工程建设已陆续应用增强纤维的信息，通过到国家建材信息中心、国家建材研究院等科研单位进行咨询和市场调研，了解到高性能工程纤维在工程建设中有一定发展前景，于是决定利用现有生产设备再进行技术改造，分步研制开发高性能工程纤维系列产品，如广泛应用于建筑工程混凝土/砂浆，具有抗震、抗裂、抗渗的特性，起到牢固和耐久作用的强纶建材纤维；如应用于高等级沥青路面，起到加筋和桥接作用，改善沥青路面性能和延长沥青道路使用寿命的路用工程纤维；又如应用于水泥公路、机场跑道、隧道工程、水利工程、沿海码头工程，能有效控制混凝土裂缝，提高混凝土坚韧性和抗冲击性能，能完全替代传统钢纤维、钢筋网而使建设成本更加经济的异型塑钢纤维……

这也让陈成泗本人在1993年"国家火炬计划"实施5周年之际，被国家科委评为全国50名优秀火炬计划先进工作者之一。

无中生有造产业

和大多数宗汉人一样，史汉祥也出生于一个普通的农民家庭。他出生时，父亲已经50多岁，对家庭的责任力不从心。所以不等长大成人，他便早早弃学务农，给家庭分担养家重任了。尽管他很快成为大队里的干活能手，但干一天也就赚十来个工分，折算成人民币，约4毛钱。"在当时买不到一斤米，而我一天要吃两斤米。"所以，他只能不停地动脑子求门路。

比如，早在大集体时期，史汉祥就要求队里允许他自个儿管自个儿的那块地，丰歉自负。要知道，这距小岗村掀起"家庭联产承包责任制"还有好多年。还比如说，他发现身边冒出了不少土作坊，但它们使用的土机器没法保证质量，齿轮经常坏，又没地方买，所以他就琢磨着自己做。在借了别人家闲置的40平方米小房子之后，他有了自己人生中的第一个企业，但是，比起胡长源通过和社队的合作来实现变通，史汉祥这种"单干"无疑让他的这个企业成为一个见不得光的"地下工厂"。当时他们只有偷偷摸摸地做，一天生产几十个齿轮，但问题是，货卖出去了，对方讲信誉还好，如果不讲信誉赖钱，他们也不敢大大方方去要，结果做了半年多就停厂了。这中间，他还因此被陆续批斗了一个多月。这也让他意识到，"吃不饱"是求变最原始的动力，但经商的大环境对于个体来说至关重要。

改革开放给了史汉祥大展拳脚的机会。随着城市的发展，自来水开始走进千家万户。与之相应的，水龙头成了重要的五金器材。这也成了他重新创业的起点。很快，他在村里开办了一家冶炼有色金属的社办工厂——新新塑料五金厂。短短一年之内，就实现了近300万元的年产值，并以50万元的利润成为整个浒山区排名第一的厂子。这一年史汉祥正好23周岁，包括他自己在内的该厂23个人，人人都成了万元户。

今天我们都知道，常用的水龙头一般是不锈钢或者铜质的。不锈钢耐酸、耐碱，不受腐蚀，但因为硬度强，使用精密的铸造工艺相对复杂，价格较贵。相对来说，铜的质地相对较软，因熔点较低、可塑性很强，而且生产工艺比较成熟，造型多变，成本可控，所以铜质水龙头相对更普遍。这也是当时新新塑料五金厂的主营业务。某种意义上，也正是在水龙头上的成功，让史汉祥有机会切入铜产业。他的产业链顺其自然展出去：先是经营原材料，创办慈溪市铜材厂；接着进入加工、冶炼领域，成立宁波东方冶炼厂；最后，他创立了宁波东方铜业总公司。

但不管是做水龙头、铜材，还是涉足金属冶炼行业，他爱思考的特点没有丢，创业的精神也一直没有丢。"史汉祥在冶金工业中是一位拥有创新技术和专利发明的民间科学家。"有评价这样写道，"史汉祥务实求精，躬亲实践，解决了一系列冶金行业中的重大技术难题。"在铜冶炼中，炉子结炉是常见的问题，不仅影响生产和安全，浪费资源与人力，甚至还可能造成停火。在他的儿子史跃展的印象中，因为冶炼炉出现了故障，父亲硬是扛了九天十夜没怎么休息，过后才给他打来电话，那沙哑的声音，让自己一度没听出来。不过，问题需要从根本上去解决。也正是在多次摸索中，史汉祥找到了问题的根本原因，那就是炉内阻力不均，间歇性生产造成熔物冷却凝结。但又如何解决这个问题？很多人都束手无策，而他从慈溪人的一个日常习惯中找到了灵感。靠海的居民喜欢吃鱼，而且善于烹饪鱼，在用铁锅煎鱼时，往往会做到不脱皮、不断尾、不粘锅，关键在于对火候、油温的把握。史汉祥从中得到启发：如果我们控制好冶炼炉的温度，是不是也可以解决结炉的问题？后来，他先是指导工人停炉，通过清理保证炉膛干净，以保证炉膛受热均匀。接着，他尝试着控制炉膛的温度，让它变得适中。不过，问题又来了：那个时候冶炼炉还没那么高级，不能自动显示温度，而是需要靠肉眼观察火苗的状态来判断。后来我才知道，史汉祥之所以在今天要戴墨镜，正是因为眼睛在这种与强火所发出的光不断"对视"中被灼伤了，需要靠墨镜来保护。

除了解决结炉的问题，史汉祥还想办法降低炉渣的金属含量，大幅提升了冶炼的效率。更让人惊异的是，他还使用木头堵住炉膛中铜汁外流的孔道。这在别人看来有点匪夷所思，但事实证明，木头在密闭缺氧空间中不会燃烧，相反在炭化后更方便他人在后期打开孔道。

可以说，正是史汉祥这种拼命三郎般的创业精神，让慈溪这个资源贫乏的地方，"无中生有"成了金属产业的大市，也让描述浙江民营经济的

"家家点火、户户冒烟",成为更形象的写照。

和他一样做金属产业的,还有家住拆落市的邹汉权。今天,他手头上有两家企业,一个是慈溪市拆落电镀有限公司,一个是慈溪市诚和管业有限公司。但在此之前,他从来没想过自己能进入金属加工行业,更没想到自己会进入管业制造行业。如果时代没有改变的话,他那从异地移民而来的家族,在当地应该是个最起码有六七十亩地的小地主,而他也属于"干部子弟"。只不过,他爷爷当时是国民党的保长,好在这位保长"身在曹营心在汉",暗地里做了不少好事。比如,当时活跃在浙东的三五支队因在附近开会遭告密,死、伤各一人,他帮忙埋葬亡者,并将伤者偷偷地运送出去。因此,日后当邹汉权结束学业,准备进工厂参加工作,厂里顾虑他的出身,向乡里的书记请示。书记问他人品如何,说人品不错就可以。直到今天,他还记得那位书记姓赵。

一开始,邹汉权从事的是卷尺加工。大家平时接触的纤维卷尺、皮尺,或者裁缝量衣的腰围尺,技术含量不高,对他来说加工起来并没有太大的困难。只是后来有客户要求,卷尺需要做塑料电镀,大概是想通过电镀工艺赋予塑胶制品金属光泽及表面性能。这让他的命运有了改变的迹象。当时,工厂为了生存,只好从外地请来了一位师傅,他本不是这位师傅的徒弟,但平时跟师傅走得勤,所以也被师傅看中了。加上他虽然早早离开学校,但一直不曾放下书本,对化学尤其无机化学充满兴趣。所以,他很快就成了厂里的骨干。不过,也就在这段时期里,市场上开始释放出无数的电镀业务的需求,到最后,师傅的儿子、女儿、女婿,都纷纷出去单干。而他则选择了坚守,并推动电镀从厂里的一个车间业务中独立出来,并为此组建了一个新的工厂。

问题是,电镀虽吃香,但进入的门槛相对较低,导致更多的人涌入,竞争变得激烈。而当地水厂有水龙头方面的需求，这让他和史汉祥一样，顺势转身，通过水龙头给自己开辟了一片新的天地——只是，史汉祥终于选择了铜冶炼，他选择的则是管业。

不过，在金属产业上更广为人知的，无疑是胡长源。在改革开放前后通过灵活变通成为罕见的万元户之后，胡长源将他"无轨电车"的作风发扬到底，选择到杭州的萧山投资办厂，做表带、各种冲压件，以及徽章，并将这些小东西都投进了上海小商品商店。日后，他还回到慈溪和县里的总工会联合创办了外贸公司，把上海以及东北工厂的日光灯、镇流器之类的废角料，倒腾回来再倒腾出去。买进的时候只需要几百元 1 吨，到这边卖出就是 2000 多元 1 吨了。这主要得益于计划经济向社会主义市场经济过渡时特有的"双轨制"，也就是政府和市场定价不一。他干了 75 天就害怕了，因为钱来得太容易，万一收不住，会不会被人当成"投机倒把"？

虽然胡长源主动断了自己的财路，但是，几年的创业经历，以及对金属材料的熟悉，还是让他有了明确的创业方向。1985 年，他选择在老家宗汉成立了宁波兴业盛泰集团有限公司的前身——兴业铜带厂。当年他投了 15 万元的本钱。不过，出于政治安全，他选择的是公私合营，所以他的公司在当时属于乡镇企业。让他觉得骄傲的是，他只用了一年的时间，就赚了 15 万元的利润，可以说一年返本。而且，他还当选了慈溪当地的先进厂长。

两年后，在今天宗汉大道一侧"天赐家园"的地盘上，慈溪兴业合金厂拔地而起。相比之前的铜带厂，这家合金厂已经将产品扩充到普通青铜、紫铜，以及水箱带，因为厂房很大，一度被称为"兴业庄"。尽管它在今天经改造后已成为安居的乐土，而兴业庄的牌楼也已不见踪影，但是，当年绿荫环抱的轮船楼，依旧向东方高昂着它的头。而兴业庄的另一个重要标志——中西结合风格的钟楼——仍矗立在川流不息的人潮中，依旧在为这个城市提示时间。对安居的人来说，他们肯定想象不到，慈溪兴业合金厂研制的第一卷高精度磷青铜带曾在这里收卷。因为慈溪兴业合金厂的发展，让胡长源在1991年荣获宁波市人民政府授予的"宁波市劳动模范"称号。这倒是和陈成泗有点异曲同工了。日后，两者甚至还成了儿女亲家，可谓"结队"和岑尧云、陆汉振、马信阳等人往前冲。

胡长源在企业形象手册报告会上

尽管这个往前冲的队伍，年龄参差不齐，而且还面带风尘，但无一不是英姿勃发。无疑，新时代的到来，给了他们放开手脚的机会，同时也创造了无数的需求。他们大多能与时俱进，努力跟上时代的步伐。此外，技术和品牌的溢价，也让他们意识到企业只有尽快从当年的作坊型，向技术型转型，才能获得更多的红利。但不管如何，他们都积极响应着新时代的召唤，怀揣着对新时代到来的热情，在各自领域横刀立马，塑造了慈溪人的新形象，也塑造了这块热土的新面目。

当然，如果我们留心，就会发现，在这支向前冲的队伍中，也有不少靓丽的身影。其中就有徐娣珍。

新时代"花木兰"

徐娣珍也是在十四五岁开始创业的。她出生得晚，即使只有十四五岁，也已经到改革开放的前期了，所以创业的环境相对优越。

和其他前辈一样，穷困逼着她走上了创业这条路。父母生了"七朵金花"，她是第四朵。这本来是喜事，但人口多了，让她家本已拮据的生活雪上加霜。父母长年在外劳作，陪伴她的只有慈祥的奶奶。多年后，在中央电视台主持人采访她的专题片中，我们可以看到这样一段再现情景。当时还是小女孩子的她书包坏了（事实上这个书包也是姐姐用过的旧书包），找妈妈买个新的，却被妈妈断然拒绝："等你读完书，赚了钱，再给买！"如此再三。她也很倔强："那我不读书了，我先去赚钱！"从这里可以看出，贫困家庭百事哀，连个小心愿都很难满足，这也不能怪妈妈。但也正是这次争吵，让她走上了创业之路。

这条路对年纪很小的徐娣珍来说并不友好。根据《慈孝故里圆梦人》一书的描述，当时的徐娣珍带着五妹徐苗珍一块儿给生产队放鸭，间或还得学纺纱，起早贪黑，忙得连电影《红楼梦》都看不上。好在远房表姐阿菊的到来，给她点燃了新的希望——这位表姐和爱人阿福一直在广东工作，手里攒了点钱，想回来一起办个厂。不得不说，包括深圳在内，当年的整个广东走在了前列，很多人到广东打拼出一片天之后，回乡再创业。这样一来，他们既有工厂，又有沿海的资源。事实证明，这对表姐妹最后选择合作创业是对的。她们不仅让自己的老家多了一个石棉厂，而且，只用了两年半的时间就让徐娣珍分到了整整5000元。这也是她人生的第一桶金。只是，她们遇到了国家的政策限制，就是办石棉厂必须有防尘设备，而配备好这些设备需要300多万元，这对她们俩来说，根本买不起。没办法，工厂无法经营，只好关闭。

但这次创业却在徐娣珍心里种下了一颗永不消失的种子。日后的她，尝试学绣花，并从绣鞋垫、围兜转向了做窗帘门帘、枕套被罩，最后又切入了服装行业。学裁缝时，她见当地织玻璃丝布比较挣钱，也想干。尽管织玻璃丝布让她尝到了难以忍受的痛苦——那种看不见却无处不在的玻璃丝，像千万根小针一样扎着她，让她痛得受不了，她却抱着"一个人想要过上好日子哪有不吃苦的"的念头，坚持着。最后，她从这里又掘得了第二桶金，可用于学裁缝的一两年的学费了。后来，她走出了自己的那个村，到城里开了5年的裁缝店。也就在这段时期，她遇到了一位皮肤黝黑、体格健壮，有几分英气，也有海边人淳朴特色的青年小伙。这位叫胡明龙的青年小伙曾给她推荐过绣花师傅。日后，因缘巧合，他也成了她的先生。相较于她苦哈哈地赚钱，先生会开船，尽管只是船尾挂柴油机的水泥船，但一般一个月就能挣万把块，相当于她开店一年的收入。正好，她开店几年积攒了6万多元，于是，两人一合计，决定利用手头的资金买一条10吨和一条12吨的拖船，搞运输。只是，创业的路永远不是坦途，他们在运输过程中就遇到过危险。比如在过电坝时，因为载重，船底被顶出一个"7"字形裂缝，差点沉船，让人一辈子都很难忘；还有就是，也遇到了各种像办石棉厂时所遇到的政策风险，或者说是环境风险。尽管搞撑船运输才6个多月，就让他们有了不错的收入，但偏偏这一年遇上大旱，导致河道水位过低船只搁浅了。他们不得不弃船上岸。接着干什么呢？

如前所述，宗汉此时已经形成的塑料制造氛围，给了他们新的出发点。夫妻俩开着车走南闯北地做塑料生意，一季度下来就挣了五六万元，远比撑船挣得多。但是，不幸又一次降临了这个家庭——来自小偷的行窃，让徐娣珍几年来挣的积蓄被洗劫一空。这也意味着一切归零。直到今天，徐娣珍都记得那个日子，1987年5月3日。只是，痛苦改变不了现实，徐娣珍想起了"千金散尽还复来"这句话，劝慰老公：钱没有了就没有了，我们还可以挣。

好在，她赶上了一个只要大胆就能挣钱的时代。更重要的是，尽管积蓄没有了，但她为了挣钱而东奔西跑的经历却没有辜负她。因为这让她接触了更广阔的世界，并从中学到了"市场调查""消费心理""新品营销"等用之有效的先进经营理念。日后的她，依旧在不停地走和看，考察了数不清的制造型企业，这也让她在重新拥有了巨额财富之后，作出了一个重要的战略决策，那就是创办制造型企业，从生意人回归企业家。

1992年，当陆汉振在锦纶帘子布行业左冲右突时，徐娣珍也看准了汽车市场，投入了160万元兴办了慈吉汽车灯具厂。不久，她偶然从一位宁波亲戚那里听说上海进出口公司有一批灯具配件，因境外运输出了问题一时无法运到宁波来。上海方面询问宁波有无能力自己生产加工，希望他们就地解决，以解燃眉之急。徐娣珍得到消息后一拍大腿说："机会来了，咱们厂子想办法加工这批配件。"为此，她连夜赶到宁波，找到企业负责人，要求承揽这批配件的加工业务。《慈孝故里圆梦人》说："'精诚所至，金石为开。'厂长代表破例向'农民工厂'开了'绿灯'，答应提供样品和原材料，希望他们尽快做出样品，如果验收合格，再研究定量生产。"机会摆在了面前，但面对外贸部门运来的打样用的层层叠叠的进口铁皮，那些平时只与边角料、"大刀片"打交道的"土工匠"们犯愁了，觉得这是不是像"天狗吞月"？甚至开始打起了退堂鼓。这时，徐娣珍坚定地说："我们只能进，不能退！"在她看来，"办法总比困难多"。为此，她又和丈夫连夜乘车去上海一家大型灯具厂取经。和当年陆汉振所遇到的情形有些相似，对方出于技术保密，只给了他们一个小时的参观时间。但外行看热闹、内行看门道，一个小时也让徐娣珍受益匪浅。回来后，她就立马召开"诸葛亮会"，研究如何攻关。没有机械化设备，就土法上马；没有现成的工艺图纸，就凭参观时的一点记忆揣摩。接着，又买来废旧的机器，经改装后做成轧板机。再用焊枪焊一个"十字架"形状的土制手轮，用绞子代替电动机。为了让灯的钢铁支架的圆筒不留一点痕迹，将铁榔头改用木榔头隔层锻打……

最后，经过20多个日夜的奋战，徐娣珍终于拿出了自己的样品，并送到上海进出口公司进行检验。结果，一战成名。对方负责检验的技术人员竟一时分不清哪几只是原样，哪几只是送样。徐娣珍不仅拿下了单子，甚至还正式成为上海这家公司的部分配件生产定点厂家。

创办灯具厂时期出差途中的徐娣珍

这个故事今天再听起来让人感慨万千。它让我们看到，从小苦难生活的磨炼，没有让徐娣珍丢掉尊严和信心，相反赋予了她勇气，以及想方设法抓住机遇的能力和格局。不得不说，浙江乡镇企业乃至民营经济的崛起，有很大一部分是来自包括徐娣珍在内的女性的功劳。如恩格斯所说，"在每一个社会中，女性解放的程度，是衡量总的社会解放的天然尺度"，江浙一带的经济发展，以及无处不在的商业氛围，让这里的女性不再被束缚于家庭，走向了更广阔的天地。更重要的是，在创业的过程中，她们有着属于自己的智慧、责任，柔情万种却不失坚韧，天生直觉却又心思缜密……无不让刚性的商业社会不再那么充满"丛林规则"的残酷，而多了些许温情。

徐娣珍并不认为家庭出身的穷和富对创业有什么不同影响，没有穷创业，也没有富创业。换句话说，创业是一种内驱动力，是一种迎接挑战，并完成人生的价值。所以，在她看来，没有所谓男性创业和女性创业。换句话说，创业并不挑人。

正是这种坚韧不拔、愈挫愈勇的精神，让徐娣珍最终遇难成祥，不仅做大了自己的灯具厂，还进军摩托车市场，创造了属于自己的摩托车品牌。甚至，她还在与吉利等企业的竞争中，拿下了当时的国有企业宁波摩托车厂，而后着力开发形成了两大品牌——慈吉和奔野，在我看来，这有点"蛇吞象"。但是，她相信站在山峦，要比在平地看得更远，而站在高山之巅，能"更上一层楼"，看清全球，所以她要再进一步。

以小博大拿下国有企业后，徐娣珍不断引进国内外专家和招收技术工人，同时，坚持"质量是生命、信誉求生存"的理念，达成"缺一只零件就少一辆车、坏一只零件就坏一辆车"的共识，对现场进行精细管理。最终，企业不仅没有"消化不良"，而且还顺利从生产汽车、摩托车大散件转向摩托车整机生产与销售，形成了注塑、冲压件、五金、整车、销售一条龙的产业链，一举跃入慈溪市重点骨干企业、纳税大户、信用AAA级企业行列。

这无疑是对徐娣珍创业生涯最好的褒奖，同样也是对"四千四万精神"的深情回应。正如马信阳收获无数第一，陈成泗成为全国50名优秀火炬计划先进工作者之一一样，他们得以成功向前冲的原因，不仅在于自身的动力，还在于地方乃至国家在改革开放理念的引领下，不断地为他们扫清前进路上的障碍，甚至还停下来为他们"鼓掌加油"。

第三部分　助澜

第五章　有为政府和有效市场

"四个轮子一起转"

直到今天，邹林元谈起当年慈溪政府的主要领导时，言语中都充满着感激。因为若不是他们拍板，自己想办的企业很难办下来。

此前，他在社队是企业书记、厂长一肩挑，既倍觉自豪，又平添压力。随着"土纺土织"产品逐渐不再应时，他得思考如何将企业带出困境。后来，他转型生产塑料。在这一过程当中，他接触了上海电器厂，又通过这家电器厂，认识到了南京方面的企业，最后买了它们的设备，做起了阻燃材料。所谓阻燃材料，就是指在一定条件下，能够阻止火焰的蔓延，减缓燃烧速度，减少火灾造成的伤害和财产损失的一类特殊材料，比如聚烯烃类阻燃塑料、聚苯乙烯类阻燃塑料以及聚酰亚胺类阻燃塑料，广泛应用于服装、石油、化工、冶金、造船、消防、国防等领域。它们有的具有轻质、强度高、绝缘性能好等优点，有的具有优异的耐温性和机械性能，所以在科技发展，以及人们越来越关注自身及公共安全的今天，越来越受到重视。

邹林元也认可阻燃材料的市场。事实上，他的产品很快被广泛用在车站调度室的大屏中。而且，上海电器厂也同意他的企业挂自己分厂的牌子——上海电器厂三分厂。这无疑是抱上了一条"大腿"。但问题是，在当地工商部门进行注册登记时，工商部门却以不符合规范等理由，给他泼了一盆冷水。

无奈之下，邹林元只好找到了当地的主要领导。领导听闻后，拍着桌子说，既然上海都发文同意了，为什么我们就不可以？

不得不说，尽管改革开放让计划经济逐渐向社会主义市场经济转变，但是政策上还是不断地"翻烧饼"。比如1980年前后，有人认为乡镇企业与城市大工业争原料、争能源、争市场、争资金是导致宏观经济不佳的重要原因，要求关停乡镇企业；又比如1989年3月，有人提出了"要保国营工业，坚决压乡镇工业"的议论——导致乡镇企业的发展遇到了阻碍。这也是胡长源拖了很久才回乡办厂的一个原因。但正是无数慈溪人"向海而生"、努力拼搏的精神，以及上层领导的开明和眼界，愿意为发展扛住风险和压力，让这片土地的面貌日新月异。

问渠哪得清如许，为有源头活水来。

如果我们留意的话就能发现，当年，在各地还只能在社队企业或者乡镇企业上打转而不敢越雷池一步时，慈溪已经有个私经济回潮了。在岑尧云的印象中，早在1981年，身边就有不少人开始办起了自己的小工厂。甚至，它们还吸引了很多集体企业的优秀业务人员"加盟"。这对集体企业来说，无疑是釜底抽薪。而且，即使这些优秀业务员不挪窝，也会不断地"胳膊肘向外拐"。岑尧云就发现自己的渔机厂有个别外勤人员把接来的业务单子介绍给自己的兄弟姐妹。因此，即便渔机厂随后几年盈利水平没有下降，发展起来也困难重重。

但不管如何，个私经济的回潮，还是让人有些振奋。它不仅哺育了一大批在社会主义市场经济中游刃有余的能人，而且从深层上推动了广大农民思想观念的变化，让他们从"日出而作、日落而息"以及自给自足的小农观念中走出来，开始面向广大的市场，并增强了竞争、风险以及效率方面的意识，最终推动了乡镇企业从小打小闹向规模化经营。

也就在党的十二届三中全会通过《中共中央关于经济体制改革的决定》，提出"坚持多种经济形式和经营方式的共同发展，是我们长期的方针，是社会主义前进的需要"这一理念的1984年，"社队企业改为乡镇企业"在中共中央、国务院所转发的《关于开创社队企业新局面的报告》（即中央四号文件）中被正式确认。也正是在这一年，国家领导人赴山东调研。座谈时，大家都认为"社队企业"改叫"乡镇企业"好。一是这些企业都是农民办的企业，承担着支农和建设社会主义新农村的任务；二是它包含着多种所有制的企业；三是从今后发展看，这些企业有向农村小城镇集中的趋势，承担着建设农村小城镇，缩小城乡差别的任务。更名还有一种好处，那就是"社队企业"只包含社办企业和队办企业这两个轮子，但叫"乡镇企业"之后，在乡办企业、村办企业之外还可以将联户企业、个体企业这两个轮子包含进来，因此无论企业数量、就业人数、总产值、工业产值都将大幅度增加。

在这一精神的指导下，慈溪当地也开始大力推广"四个轮子（国有、集体、个体、联合体）一起转"。这个观念的提出，无疑将个私、乡镇和集体、国有摆在了同一个位置，它们没有高低贵贱，而是相互协同，相互助力，一起推动着当地经济这辆汽车一路向前。这一年，慈溪还出台了《关于加快乡镇企业发展若干问题的规定》，在政策层面上允许乡办、村办、联户办、个体办竞争发展，实行"一包五改"承包经营责任制——从"苏南模式"代表者之一的无锡县堰桥乡（现无锡市惠山区堰桥街道）率先推行的"一包三改"中可见一斑,即全面实行经济承包责任制,改干部任免制为选聘制,改工人录用制为合同制,改固定工资制为浮动工资制。也正是通过重点学习江苏无锡乡镇企业承包责任制经验,宁波市委、市政府于1984年下半年组织有关部门在"一包三改"方案基础上提出了"一包五改"意见。相较于"一包三改","一包五改"增加了"改变封闭经营,实现向外横向联营"以及"改变原有单一银行资金获取渠道,实现多种渠道筹集社会闲散资金",可以说想得更周到了。

这让陆汉振、陈成泗、岑尧云、马信阳等人在企业创办及经营管理上有了"尚方宝剑",进而更能放开手脚,推动着整个慈溪飞速发展。相较而言,进入20世纪80年代,1984年是慈溪市乡(镇)、村办工业企业发展最为快速的一年。当年,该类企业超额122.39%完成年度产值计划,实现产值6.8亿元,实现所得税单项收入1975万元,比年初计划多收345万元,超收幅度列各项财政收入增长幅度之最。如此优异成绩的获得大大激励了慈溪县委、县政府快速发展乡镇企业的信心。

到了1985年,慈溪县更是出现了关于进行股份制改革意见的讨论。尽管当时慈溪县有意引导地区农民及企业职工将消费资金转为生产资金,主要是为了解决乡镇企业资金不足问题,但是这一意见,与个人承包、租赁、转让及拍卖意见一同出现,都被视为对国家"经营权与所有权分离"改革理念的实践。同时,它也成为日后产权体制进一步改革的先声。

也就在这年的4月4日,金华、诸暨也提出了"骨干企业挑重担,千家万户促翻番,四个轮子一起转,十个层次(农林牧副渔、工商运建服)一齐上"的口号。尽管对"四个轮子"的定义,各地不一,但是大家的目标一致。

在这种政策的鼓励之下,宗汉更是率先作为,将发展乡镇企业当成了头等大事来紧抓。

引能人招财人

20世纪80年代中期，因推销成就较大而受乡里重任的陆金龙，先是做了乡福利厂的厂长，后来又成为乡工办副主任。这个在今天看来不起眼的职位，让陆金龙走向了"仕途"。陆金龙逐渐从过去乡镇企业的参与者、创建者，转变为管理者、服务者。

这也意味着，他的工作重心已经不是自己具体所管的那几家企业，而是整个宗汉的乡镇企业。

此时的宗汉虽已从农业生产进入了工业制造，也出现了不少乡镇企业，但是大家也很清楚，单凭自己的力量还是很难做大做强，所以需要更多的人力、物力投入其中。为此，他们提出了这样一个口号，那就是"引能人招财人"。所谓的能人，就是有一定技能的人，或者能力很强的人。当时的城乡，喜欢把一些村干部、调停人，以及能带领人们发家致富的人，称作"能人"。对宗汉的乡镇企业来说，无疑最后一种最让它们心动。而所谓的"财人"，那就是口袋里有些钱的人，他们能给宗汉带来建设的资金。

这也是胡长源之所以在外"打游击"多年之后重归宗汉的原因。到今天胡长源还记得，1981年因小儿子出生回乡时，他就收到了陆金龙等人的邀请。但是他一开始并没有答应回来办厂，而是选择和县里总工会合作办外贸公司。究其原因，一是他顾虑政策是不是真的明朗了，二就是觉得老家什么都缺，缺资本、缺原材料、缺政策。不过，1984年，他在北京遇到了老家领导来京汇报工作（其实也是要"政策"），就凑在了一起"瞎聊聊",他又发挥自己作为"无轨电车"的特长,指出老家的各种缺点,和当年支持邹林元挂牌"上海电器厂三分厂"搞阻燃材料一样,老家领导又一次拍板说:"政策不到位我可以改。""不得不说,那个时候的慈溪真是大刀阔斧,一切为改革服务,领导们也很有远见和担当。"胡长源回忆道。这也让他看到了希望,进而创办了兴业铜带厂。

尽管铜带厂利润惊人,但刚开始创办时,还是挺吃力的。陆金龙就记得,因为选择的是乡镇企业的模式,所以宗汉也得举全镇之力来支持它,为此把"家底"都给掏空了。日后,陆汉振要创办锦纶厂时,也找到乡里要钱,一开口就是2500万元,这对宗汉来说,的确力不能及,但是政府保证,一定为陆汉振争取到批文。后来,在乡里的支持下,锦纶厂采取了带资进厂的模式,这种方式在今天看起来有点不可思议,但依旧抵挡不住员工进厂的热情。

陆汉振到今天还记得,尽管1989年锦纶厂正蒸蒸日上,但他的心里还是有点慌。那时他意识到,用锦纶6废丝生产帘子布的时代不会很久,轮胎厂对产品品质的要求将会越来越高。如果要生产高品质的帘子布,必须用进口的己内酰胺作为原材料。但问题是,作为一家乡镇企业,锦纶厂如何拿到这个原材料的进口配额指标?好在,从宗汉到整个慈溪的支持,让他下定决心踏上了进京的道路,去向相关部门寻求帮助。对方一听是浙江的一个乡镇企业要汇报工作,一开始并没有打算接待。陆汉振准备了翔实的书面资料,加之各方的助力,不久后,他收到了好消息:化工部牵头组织纺织部、物资部到慈溪专门召开"三部会议",重点讨论己内酰胺进口指标改革运用事宜。这是乡镇企业进入帘子布行业后,一场具有历史性重大变革意义的会议。国家三个部委形成一致意见,决定打破特殊化工原材料由国家统一进口调配给国有企业的惯例,逐步向乡镇企业供给开放。

第三部分 助澜

正是这种自上到下的勉力支持，让陆汉振有了足够的底气。这也是他的宣言"一家带十家，十家带百家"能在宗汉彻底得到落实的一个根本原因。相应地，它也让宗汉得到了丰厚的回报，有了企业作为排头兵。另一个隐形的好处是，工业制造的起势让宗汉在1989年由乡改镇，到邓小平发表南方谈话的1992年5月，宗汉更是将新界、高王、潮塘3乡并入，已然成为一个在慈溪当地不可被人忽视的大镇。

陆友祥是宗汉实施"撤扩并"后的宗汉第一任党委书记，和他搭班子的则是许其妙——他也是陆友祥之后的第二任书记。对陆友祥来说，扶持乡镇企业似乎已经不只是工作，而是一种情结——这个出身贫农家庭的宗汉人，尽管有着与众多兄妹一起抢食的经历，但他的印象中似乎没有太挨饿，因为父母都很勤劳。在忙完田地和家务后，母亲养蚕，父亲则为人做酒曲，也就是做老酒。这也让他深刻领悟到，无工不富。相反，一朵棉花一株稻，一生一世富不了。所以，日后他当领导时推动乡镇企业发展，以及民营经济的进步，也就成了自己工作的应有之义。

在陆友祥的印象中，为了发展乡镇企业，政府组织人员前往深圳举行招商会，希望能让更多的人认识宗汉并投资宗汉。此外，政府还派人到企业驻点，一个领导联系一家企业；发动全乡镇机关干部为企业服务；提倡公办人员下厂任职，像时任工办副主任的陆金龙到锦纶厂主管经营，镇里负责财务工作的陆守嘉到该厂当财务主管……当年政府和企业之间可是亲如一家。而他本人，也经常被企业老板一个电话从家里叫出来处理问题。有这么一次，陆汉振打来电话，叫他一起到锦纶三厂的建设工地上视察。结果，他因为一不小心扭伤了脚，进了医院。他还记得，当年为了推进锦纶厂的发展，他陪同陆汉振以及时任慈溪乡镇企业局局长的杨甘霖等领导，远赴天津大邱庄考察。尽管有些费心费力，但是他并不感到郁闷，甚至，他还为陆汉振、胡长源这批企业家"点赞"。在当年政策形势不明，"姓社还是姓资"的争议依旧困扰着人们时，坚定创业的人无疑具有大勇气。他说："我们必须坚定地站在他们的身后！"

许其妙也记得，为了发展乡镇企业，推动全镇形成积极向上的氛围，宗汉也进行了不少解放思想的工作。尤其是在宗汉并了新界、高王和潮塘之后，因为涉及一些领域的调整和分配，加上当时大家互相不熟悉，所以有些原乡镇领导不乐意，"有些想法"。为此他们做了很多工作，让大家达成共识，那就是在新的时代不能再小打小闹，"裹小脚走老路"了，要通过合作以及相互带动来发展经济。此外，宗汉还利用全镇每年7月上党课的时机，以及两次经济发展会的机会，传达政策，坚定信心，一定要将"一个中心、两个基本点"的政策坚实地贯彻下来。他们还邀请市内主要领导来镇内听经济形势汇报会，每年一次，请主要领导讲话，也请其他人提建议。"这有什么好处呢？一就是动员所有力量帮助自己将经济搞上去，二就是通过和上级以及社会各层频繁的互动，让大家了解你，知道你是在踏踏实实做事情，所以都会愿意帮助你。"这样一来，"在宗汉就没有办不成的事"。当年光是11万伏的变电所，宗汉就建了两个，分别设在兴业厂和锦纶厂旁。当时，这在其他地方是难以想象的。

为了搞好企业建设，在"引能人招财人"之外，宗汉还格外注重自身的"内生力"的培育。换句话说，就是培育企业的后备人才。也就在陆友祥和许其妙的手上，宗汉提出要"培养10个年轻厂长"。根据许其妙的回忆，这个培养名单中，应该有史汉祥、徐娣珍、邹宁、沈定康、严军威、陆建华等人。史汉祥、徐娣珍不用再强调，邹宁则是邹林元的儿子，他们后来都用自己的成就证明宗汉没有看走眼。同样，沈定康、严军威、陆建华在日后生意也做得风生水起，沈定康是康鑫集团董事长，严军威是宁波中源欧佳渔具股份有限公司总经理,陆建华则在化纤领域颇有话语权。

当然,发展乡镇企业是个系统性的工程。除了关注企业本身、呵护企业成长之外,宗汉还需要在自身环境上下功夫。当时有一句流传很广的话,"要想富,先修路"。宗汉也力求搞好道路建设工程。比如宗汉境域内的"纵横线"建设,"横"的是今天的中横线,它一头连着舟山,一头连着河南鲁山。这条北穿宗汉的东西大动脉,也取代原先的G329国道,成为新的G329国道,而原先在大古塘躯干上建设起来的G329国道则改为县道。"纵"则是通过庵宗公路将宗汉与靠近杭州湾的庵东镇协调起来——如此一来,宗汉也成了交通相对便利的"区域中心",便于企业的物流和对外拓展。许其妙记得当年道路开通仪式上,市内主要领导都来了,洋溢着欢乐的氛围。

陆路交通通畅了,还有水路。宗汉境域内有一条北至三塘横江、南至大古塘江,长约7.3千米的漾山路江,当时很窄,比水沟宽不了多少。后来,宗汉通过企业出资和政府支持,投入100多万,将其开挖变宽,最大宽度被扩大到了150米。这不仅改善了环境,而且,很好地使慈溪水系进行了互联、互通。像东起逍林水云浦并贯穿慈溪城区的潮塘江,便在西头与漾山路江对接。更重要的是,在开挖漾山路江时挖出来了大量沙土,用于支援当时镇内最落后的六家灶村。他们建了土窑厂,并由此脱贫致富。

除了基建,宗汉更不忘发展教育。许其妙特意指出,镇里为此扩建了锦纶中学、高王小学,还有新界小学。因为这都是宗汉发展的未来。

锦纶中学前身正是1957年秋天创办、设在宗汉马氏头甲祠堂内的宗汉乡夜中学,根据资料,刚创办时,这所夜中学只有教师徐文学、夏定荣二人,以及四五十名学生组成的一个班,开设语文、算术两门学科。后来学校改名宗汉民办中学，为一所全日制的民办中学，并迁至宗汉庙山桥畔，学生增至100多人。不过，在1969年，其又迁回宗汉马氏头甲祠堂，易名为东方红中学。东方红中学先后改为宗汉公社中心学校、宗汉公社初级中学、宗汉乡初级中学。1985年，在乡政府的投资建设下，该所中学有了属于自己的校舍，从而结束了靠租借庙宇、祠堂、民宅办学的历史。1989年，学校更名为宗汉镇中心初级中学。许其妙所提的镇里扩建的锦纶中学，应该就是1992年"撤扩并"之后，在宗汉拨款的基础上，由金轮集团出资600万元，由初级中学移址新建而成的学校。由于金轮集团的介入，让学校再次易名，但显然有了更足的底气。学校邀请中国著名书法家启功题写了校名，韩天石题写了校风主题词：从严求实、开拓进取。此外，锦纶中学将"严谨、创新、爱生"作为教风，将"守纪、尊师、好学"作为学风，将"人格融心、细节融事、智慧融行"作为管理作风。大概是为了避免锦纶中学的校名显得"广告化"，学校重新解读了"锦纶"两字，提出了"为锦绣人生奠基"的愿景。

有趣的是，在锦纶中学办学规模逐渐扩大后，校址从宗汉文教路1号搬到了后来的宗汉街道庙山西路100号，而其原校址则归属于今天慈溪市润德小学——它的前身，就是前文中提到的"马氏私立润德学堂"，由马宗汉的祖父马道传筹划创办。这无疑是一种生生不息的传承。

陆汉振参加1990年锦纶中学中秋文艺晚会并讲话

不得不说,正是上下齐心,给了宗汉很好的营商环境。"看到从上到下都是实心办事,创业的激情就格外高涨。"陆友祥和许其妙回忆那段时间,真是一段激情澎湃的日子,让人不由想起范仲淹在《岳阳楼记》中的那句话:越明年,政通人和,百废俱兴。

但话又说回来,摆在他们面前的,不全是好事。他们也曾遇到困难。

成片发展

20世纪80年代末90年代初的宗汉,"家家点火,户户冒烟",在大家的创业激情下,工业企业得以飞速发展。但是也有问题,那就是这些工业企业太零散了,东一棒槌西一榔头,形成不了产业集群效应。而且,零散带来的污染,也在日益侵蚀着宗汉的肌体。

宗汉也意识到,这种单打独斗的作坊式创业很难发展壮大,为此,决定推行"集中一片发展"的模式。所谓集中一片发展,也就是做塑料的和做塑料的在一起,搞铜冶炼的和搞铜冶炼的在一起……换句话说,就是连片发展。某种意义上,这算是日后全国比比皆是的产业园的雏形。但设想虽好,大家不一定愿意响应,毕竟集中到一起,有可能就要挪地方,不如以前方便,而且要费很多搬迁成本。对此,镇里也只能做工作,告诉企业在一起可以协同发展,一定会带来更大的效益。

最后,在今天的宗汉西三环两侧,一个工业园终于诞生了。有趣的是,由于起头较早,当年的这个工业园,还是农业部给审批的。事实上,我们从1979年毕业于杭州大学化学系(现浙江大学化学系)的农业专家林定根在农业部初任职时的职务——乡镇企业局副局长,也可以看出,当年乡镇企业归口在农业部门,其初衷是服务和支持农业农村大发展的。

有资料显示,早在1980年,农业部就成立了中国乡镇企业总公司(CTEC),后改为乡镇企业管理局。该局在30年后改为乡镇企业协会,再改为中小企业促进会并入经信局。各省级、市级和县级所设乡镇企业局,先划为政府一级局,再改名中小企业局并入经信局。这也证明,国家对乡镇企业的作用早已"心知肚明"。正如邓小平在1987年6月12日所说的,"农村改革中,我们完全没有预料到的最大收获,就是乡镇企业发展起来了。突然冒出搞多种行业,搞商品经济,搞各种小型企业,异军突起。这不是我们中央的功绩。乡镇企业每年都是百分之二十几的增长率,持续了几年,一直到现在还是这样"。

林定根也非常认可乡镇企业所走过的"艰辛而又辉煌的历程",但他也认为,需要推动乡镇企业集中连片发展。在就"乡镇企业集中连片发展和小区建设工作重点"发表的同名文章中,林定根表示:"加快乡镇企业集中连片发展和小区建设是乡镇企业发展到新阶段的重要标志。"这是

第三部分　助澜

因为："企业分散布局，不仅国家的各项方针政策难以到位，而且各级行政主管部门也难以实施有效的行政管理、监督和服务。而建立乡镇企业小区，我们就可以实现变分散管理为集中管理，变无序管理为规范管理，为乡镇企业向建立现代企业制度过渡创造条件。"

1995年9月24—26日，农业部在山西太原召开了全国乡镇企业集中连片发展和小区建设工作座谈会。当时徐冲根作为宗汉工业镇长，因为宗汉产业园的成立，他成为宁波的唯一代表，参加了座谈会。

不得不说，这种连片发展，让宗汉在由点及线，由线及面实践的过程中，面貌不断被重塑，从当年的"唐涂宋地"，到乡土田园，再到今天的工业化、城市化，何尝不是这片热土，乃至这个国家的期盼？！

可惜的是，宗汉的产业园有点虎头蛇尾，存在时间并不长，最后无疾而终。探寻原因，有可能跟乡镇企业自身的实力有关，毕竟能发展为金轮集团、兴业集团那样实力的企业还是不多，更多的就像水面上的泡影，起起灭灭。另外，这也跟用地有很大关系。企业若想做大就得有相应的土地供应。

大家都知道，宗汉的乡镇企业发展有一部分是被逼的，因为没有田地吃不饱，所以得向非农领域求生存。如果是一开始那种家庭式作坊还好，但发展大了，就面临着一个问题，土地从哪里来？政府算经济账，不会心疼，毕竟从工业上赚来的要远远大于从土里刨出来的，但问题是，世世代代在这上面耕种的农民却不一定愿意将土地拱手相让。

许其妙当年就干过很多征地的活儿，他清楚征地的难处。有人担心政策的变化，怕土地被征走后，自己的利益却得不到保证。有人觉得这样削弱了自己的生计优势。尤其是对近郊农民来说，他们靠着"半耕半工"的模式——年轻人就近务工，早出晚归，照顾家庭，老人在家种粮

099

种菜，自给的同时还可以到城里贩卖——完全可以实现相对自由和优越的生活。还有的人安土重迁，宁愿守着几亩薄田过日子，也不愿意将田地变成工厂，让自己变成工人。遇到这样的情况，就不免大费口舌。但是无论如何，也得保证这几点：政策要解释到位，补偿要给到位，不能让民众吃亏。

许其妙相信，只要出于公心，日后得到好处的民众会理解甚至是感激。事实上，随着乡镇企业的发展，带动了被征区域的经济发展，与此同时，也给他们创造了更多的就业机会。

产业兴则百业兴。如果说宗汉的产业一开始是被逼出来的，那么，"百业兴"则让人看到了发展产业的巨大能量。这也是乡镇企业磕磕绊绊却永不停步的重要原因。

当然，乡镇企业之所以在宗汉这片热土上落地生根，发展壮大，既得益于企业家自身的"四千四万精神"，以及由此衍生的工匠精神、企业家精神，同时也得益于政府的有为，以及对政府与市场在产业发展中的责任与边界的明确。

某种意义上，这都是在改革的春风中结出的花。它开在世人的心里，也将美好留在了心中。不过，要想让这花变得更红更艳，带给人们更多的美好，它们还需要向名为"开放"的土地吸收更多的营养。

第六章　从对世界的"开放"中获利

星期日工程师

今天，当我们再回首宗汉乃至整个慈溪乡镇企业的发展，一方面要承认，是自上到下的呼应，以及来自内部的改革，提供了很大的动力，甚至是安全感。另一方面，处于苏南和浙北的中心地带，让这个"浙北的小温州"有了更大的"外缘世界"，宗汉也因此得到了诸多常人不及的优势。

一是氛围的"加油站"。就像海盐步鑫生的改革触动了无数人一样，来自周边时不我待、加速改革的创业氛围，也容易带动宗汉乃至整个慈溪在乡镇企业上的发展。

二是资源的交汇处。江浙在乡镇企业上的整体崛起，让大家相互交流变得更容易。加上江浙地区所靠近的上海是远东的著名商业城市，起到了一定的辐射作用。像陆汉振到江苏太仓塑料厂、徐娣珍到上海一家大型灯具厂取经，而邹林元与上海电器厂合作挂牌上海电器厂三分厂，无不印证了身边有可依赖的对象是多么重要。

三是信息的来源地。相较于内地城市，沿海走在开放的前列，也让它们得到了更多的有效消息。岑尧云从下乡知青那里了解了芯片，并进而成为这方面业务的先行者之一。此外,当他犹豫重新创业是做拖鞋还是做激素厂时,是来自上海《解放日报》上的一篇报道,让举棋不定的他彻底拿定了主意。这篇报道用大量篇幅介绍了上海生物化学制药厂生产的激素畅销国内外,产品发展前景广阔。最终,他和儿子岑坚在进行比较分析之后,考虑到企业长远发展目标,决定选择兴办激素厂。

四是资金的供给池。江浙沪一带的商业氛围,让很多人愿意将资金投入工商业。陆汉振也正是靠带资入厂解决办厂成本。此外,金融系统的相对发达,也能给创业者一定的支持。徐娣珍的灯具厂越做越大后,急需资金,所以找上了银行。她原以为贷款是很难的事,但信贷员却主动开口,问她要多少。尽管在数额上不如她所愿,但后来经过她的争取,对方还是给她放了100万元。这也帮助她顺利地实现了扩大再生产。

不过,除了以上所提到的作用之外,江浙沪对宗汉乃至整个慈溪来说,还是一个重要的人才"补给站"。"20世纪八九十年代,每周六下班的时候,在上海各大长途汽车站、轮船码头、火车站,就会迎来一群群年轻人。他们身着洗得略微发白的蓝色中山装,口袋里插着一支钢笔,斯文清爽的模样一看就是知识分子。他们的目的地大多是上海周边如苏州、无锡等地的乡镇企业。第二天下午,他们又从四面八方赶末班车,匆匆返沪。当年这股周末'潮汐'如城市新景观,'赶潮下乡'的工程师被称为'星期日工程师'。"

一篇题为《我们为什么怀念星期日工程师?》的文章说:"星期日工程师活跃于20世纪八九十年代。长三角城市之间高频率的人才流动以及与此同时迅速发展的苏浙乡镇企业,共同构成了改革开放初期企业家们对早期长三角一体化发展的共同记忆。"这些"星期日工程师"的存在,"促进了上海生产技术、管理能力向苏南地区的转移扩散,推动了周边地区社会经济的发展。以人才为主体进行生产、创新要素交流，让高级技术人才在充分发挥自身能力的同时，还推动了一大批新生代企业、优秀企业家的成长。最重要的是，'星期日工程师'是改革开放初期上海与长三角地区其他城市以市场化为基础、自发组合为主要方式，聚焦生产发展和技术推广的人才一体化流动初步尝试。之后，长三角地区人才、技术、资金等要素流动更加频繁"。更重要的是，这种现象在发展一段时间之后，开始由个体向团队转化。1988年，上海"星期日工程师"甚至成立了属于自己的联谊会。一个数据让人很是惊异，那就是联谊会成立之初，"星期日工程师"就有1800多名。

无疑，这种共同记忆也属于宗汉这些乡镇企业家们。不得不说，作为"浙北的小温州"，慈溪资源缺乏，人才同样缺乏。但是，正是这些"星期日工程师"的存在，让宗汉得以拥有了更多的智慧支持。陈成泗对此应该深有体悟。当年在生产大队当机械设备的引擎师傅时，他所拜的师父是慈溪发电厂的应祥友，正是从上海下放到镇海发电厂，然后又因慈溪建电厂而被请过来的技术人员。另外，他还找过余姚低塘粮棉加工厂的邹忠先请教。正是在这两位师父的帮助下，粮棉加工厂才办得很出色。日后，他还拜了另外一个师父，时任上海合成纤维研究所所长、后为中国工程院院士的郁铭芳。尽管这位宁波老乡说该所从没有对乡镇企业开展过技术合作，但是他愿意为陈成泗开这个头。正是得益于此，陈成泗才建立起了合成纤维厂，走上了创业的康庄大道。值得一提的是，当年组成合成纤维厂领导班子的，除了他，有浒山区供销社张振才，还有一位就是驻厂帮忙的许其妙。根据陈成泗的回忆，初创合成纤维厂时，张振才和他主要负责设备订购、技术合作、组织职工去上海合成纤维研究所培训，而许其妙则负责征地、厂房基建和招工人进厂……由于配合得力，该厂在1985年正式投产，并就此创造辉煌。

陆汉振也同样如此。除了到江苏太仓塑料厂等地取经之外，他还从上海第九化纤厂请来了周幼霖等几位工程师，然后又通过他们的关系，请来了十几位技术人员。对待这些人才，陆汉振像对待国宝一样精心呵护，不但给予住宅和高薪，而且在生活上无微不至地关心他们，使得他们在异地他乡感受到温暖，进而全身心地投入利用废旧塑料研发新产品的征程。陆友祥记得，当年自己还和在金轮集团负责供销的副总陆汉德夫妇一起，陪同周幼霖等人去往香港考察。

同样，为了将自己的高王激素厂做大做成功，1987年冬季，岑尧云和儿子岑坚不停奔波在宁波、上海等地，想方设法邀请技术师傅。到了1988年5月9日，他们聘请的师傅终于把激素样品给做出来了。

无疑，我们在讨论宗汉乡镇企业发展背后的原因时，既要关注当地企业家的主观能动性，也要关注到这些不可缺失的客观因素。

除了江浙沪之外，珠三角一带沿海城市的发展，同样也对内陆乡镇企业的发展提供了助力。就像没有表姐在广东的创业经历，也就没有徐娣珍在创业上所踏出的重要一步。与此同时，我们也看得到，当年的北方也有不少城市对南方早期的创业者具有极大的诱惑，像天津的大邱庄，曾吸引了宗汉派人前往考察；作为"共和国长子"的东北更是很好的原料来源地和工业能力输出地。

不过，不管是依赖江浙沪，还是远去东北、广东，甚至像陆金龙、马信阳一样跑到四川、新疆，都还属于开放上的"内循环"。让宗汉乃至整个慈溪的乡镇企业更进一步，甚至成为"夜空中最亮的那颗星"的，是资源配置全球化。

"大门"终于被打开了

对宗汉来说，它对更远的那个世界开放的"大门"，很像是被动打开的。徐冲根记得，1988年，一位美国客商通过外贸公司代销的一个产品，直接找到该产品生产企业所在地，也就是宗汉。这却把他给难住了，因为他问遍全县很多人，没有人能做翻译。对方虽然带着翻译，但对他们的方言也一筹莫展。最后没办法，他只能在接待上更加热情，甚至亲自带美国客商去流水线观看。这种坦诚让对方感觉踏实，进而也促成了日后的大合作。

今天想来，徐冲根觉得这其实犯了很大错误，因为保不准别人会"偷艺"。但那个时候从上到下谁也没有专利意识，好在这些企业更多的还是靠师傅们的敲敲打打，换句话说就是靠经验，别人想偷也偷不走。

抛开这些不谈，美国客商找上门来这件事，也说明宗汉的工业发展还是有成效的。这里面有很多前人和同事的功劳，但也跟徐冲根的贡献分不开。这个读到初一就因贫穷而辍学的马家路人，先是当会计，接着去夜校教书，1966年入党。他一直对宗汉的乡镇企业发展抱着同情心，觉得这对发展经济是有益的，让农民富一点是好事。日后，徐冲根成为宗汉的工业负责人，也像是冥冥之中的"天注定"。

徐冲根觉得有些可惜的是，尽管乡镇企业在宗汉乃至整个慈溪发展得比较好，但一直很难主动走出去。这跟当时的外贸政策有关系。中华人民共和国成立之后，国家就把进出口视作事关国家经济命脉的大事，所以从废除帝国主义对中国外贸的控制权，没收外贸中的官僚资本开始，到建立国家统一管理的以国营外贸企业为主体的外贸体系，再到对私营进出口商实行社会主义改造……最后到1956年的公私合营，借此一步步实现了"社会主义对外贸易统制"。这也让外贸成为计划经济色彩最浓的行业。"外经贸经营权高度集中，全国仅有十一家外贸专业总公司及其一百三十家分支公司严格执行着外贸'任务'。"记者余东晖在《中国外贸五十年》一文中写道："如今随处可见的可口可乐，当时只特供住在北京饭店的外国人；能在拥挤的人群中抢购到一件'出口转内销'的残次服装，就足以在亲朋好友面前炫耀一番了；有人甚至用从日本进口的尿素包装布袋制成衣服，招摇过市，自以为荣。"

改革开放让外贸成为最直接的受益行业，尤其是1988年2月，国务院颁发《关于加快深化对外贸易体制改革若干问题的规定》，决定从1988年至1993年全面推行外贸经营承包责任制，进一步加快和深化对外贸易体制改革，使我国对外贸易朝着"自负盈亏、放开经营、工贸结合、推行代理制"的改革方向前进。这意味着外贸由"互通有无，调剂余缺"的配角变成了"参与经济全球化"的中国改革开放的主角，而乡镇企业则喜出望外地充当了外贸"先锋"。

乡镇企业由于机制灵活，又与海外广大华人联系密切，所以中央决定先把乡镇企业推向国际市场，接受锻炼，摸索经验。在这一思想的指导下，农业部联合其他部门组织了第一次乡镇企业出口商品展览会。随后，1987年12月，中央还召开了全国乡镇企业出口创汇工作会议，并确定建立"贸工农"联合出口商品基地，并由农业银行每年发放2亿元专项贷款，利息由财政支付。从此，把乡镇企业的出口创汇推向了一个新阶段。乡镇企业外向型经济的发展从"三来一补"起步，逐步走向了依托外贸公司联合办企业和到国外办企业这样一条路子，可以说是外向型经济的先行者。

不过，依托当地的外贸公司走"代理出口"的路子，对很多乡镇企业来说，也不是太解渴。它们或者努力壮大自己，以期在日后有机会取得进出口经营权，或者，利用创办于 1957 年的"广交会"来广交朋友。

这个在紧邻港澳、有着悠久对外贸易历史的广州创办的中国进出口商品交易会俗称"广交会"，开辟了一条中国与世界交往的通道，也让改革开放后的中国企业拥有了一个出口窗口，甚至在一段时间内是唯一的也是最大的出口窗口。在慈溪还有这样的一个故事，说的是方太集团创始人茅理翔在广交会上"摆地摊"。当时的他是慈溪无线电元件九厂厂长，但是在广交会上，根本拿不到展位，更没有进馆证，后来他急中生智，通过坐出租车及装作与老外认识，得以"混"进了广交会。为了引起他人的注意，他只能一边"摆地摊"，一边手拿电子点火枪，边点火边吆喝："Hello！开司雷塔（gas lighter，点火枪）！Hello！开司雷塔！"尽管此举受到了保安的责难，并被罚款，但坚持不懈的他，还是在第二天做成了人生第一笔外贸生意。从此，一把小小的点火枪销往世界各地，茅理翔成为"点火枪大王"，其产品一度占据世界点火枪市场 50% 的份额。这也为他最终创办方太集团埋下了伏笔。很难想象，今天国内 50%、全球 60% 的小家电都来自慈溪。这又是"无中生有"造产业的例子。

但撇开外贸政策的变化，开放本是这块土地的基因。在相当长时间内，来自上林湖的越窑青瓷通过东横河——浙东古运河经海上丝绸之路远销海内外，成为一颗夺目的明珠。到唐朝中期随着对外交往的日益频繁，越窑青瓷开始大量出口到东南亚和非洲，在几十个国家都有大量的越窑青瓷被发现。这种大规模的外贸活动不仅使慈溪成为海上丝绸之路的一个重要节点，也传播了文明，更造就了慈溪人的开拓精神。尽管因为某些原因，导致慈溪的青瓷制作熄火，但进入新时期，特别是改革开放以后，慈溪开展了大规模的对青瓷文化的保护、挖掘和梳理工作，并把青瓷文化推为慈溪三大文化之首，"青瓷文化基因"因此衍生出具有时代特征的慈溪精神，成为慈溪经济发展的深层动力，使慈溪较早赢得了经济发展的先发优势。

尤其是1984年，宁波和青岛、厦门、大连等城市一起，成为国务院批准的全国第一批对外开放城市之一。这对慈溪的带动也显而易见。

某种意义上，像茅理翔这样的企业家勇闯广交会，也源于这一基因。有这一基因在，意味着对外开放的大门，从来都是打开的。尽管有一段时间被虚掩起来，但只要轻轻一推，一个广阔的世界就近在眼前。而改革开放也意味着，推开的大门很难再被关上了。

墙内开花墙外香

在宗汉的诸多企业家当中，相对最为年长的岑尧云，不说是"睁眼看世界"的第一人，也属于前几人之列了。他和美国之间的芯片生意，就一度做得红红火火，也让他享受到了开放带来的红利。尤其是到了1988年，慈溪确立了外向型经济发展战略，当年首次开展自营进出口贸易业务。

这让年近花甲的岑尧云，搭上了开放的便车，对岑尧云命运的改变不亚于一次"重生"。尽管创办高王激素厂有儿子岑坚的鼎力协助，也有非常广阔的销售前景，但这一切尚处于美好的期盼当中。对于只是培育苗鱼时使用过激素而不知道如何生产的岑尧云来说，一切都要从零开始。虽然可以聘请外地师傅帮忙做出样品，但市场到底在哪里？好在这个时候，宁波外贸公司帮助了他们，将他们制造出来的样品转交给了日本客商。距离样品制造出来的4个月后，日方来电，他们生产的激素样品合格，而且还下了108万元的订单，并要求他们在当年11—12月期间交货。尽管据他们了解，日本客户还需要将他们的激素粗品加工成精品再推向市场，他们所做的仅仅是"中间体"，但这对刚刚成立的高王激素厂无疑是天大的喜讯。

今天在回忆当年的情形时，岑尧云也承认，选择与日本企业合作是一件很庆幸的事，因为撞上了日本的经济飞速发展时期。20世纪七八十年代到90年代被称为日本的黄金年代（也称为泡沫时代或繁荣时代，是经济高度繁荣的时代）。日本的电子表、电子游戏机、彩电、冰箱、空调、功能型手机等家电和电子产品一度风靡全球。松下、索尼、夏普成了国人耳熟能详的进口品牌。那个时候的日本，气势正盛，"卖掉XX，买下纽约"之声此起彼伏，而年轻人也在商家的疯狂鼓励当中，开始崇尚享受生活，"消费即美德"成了日本人尤其年轻人的共识。

此外，作为被海洋包围起来的国家，日本在渔业生产和消费上，也一直领先全球。为了保证原材料供应，日本也在鱼类生产过程中比较流行使用激素产品。

有了订单是好事，但能不能做好订单，则是另外一回事。岑尧云决定背水一战，全力以赴做好这个订单。但他面对的问题也不小，比如投资设备的资金就很欠缺。但他与徐娣珍一样遇到了好运，当地的银行也给他贷了6万元，此外，宁波外贸公司也看好他的产品，愿意投资22万元来资助他。不过，岑尧云还是觉得这对108万元的订单来说依旧有些不止渴。后来，他又向宁波外贸公司借了20万元，总算解决了资金上的燃眉之急——可以说，社会各界力量在帮助当地乡镇企业从看世界到走向世界转变，也是不遗余力。

产品终于在当年的12月如期交货。日商比较满意，产品款也及时到位。经过核算，岑尧云发现，这笔108万元的订单扣除所有开支后获利30

多万元。

这笔生意做成了，无形中也增加了岑尧云对激素产品的信心。1989年上半年，高王激素厂继续扩大经营，出口的激素产品销售额达600多万元，纯利润达100多万元，产值利润跃居高王第一位，外销额则列慈溪首位。在当时，全市产值超千万元的企业并不多见。可以说，高王激素厂一炮打响。

也就在这期间，岑尧云还在积极策划成立一个生产兽药的激素厂，最后经省农业厅批准于1990年正式成立了宁波第二激素厂。这个厂名显然有别于高王激素厂。潜意识里，岑尧云将高王激素厂当成了一厂，宁波第二激素厂则是二厂。但是在今天的宁波第二激素厂的官网介绍，以及在2023年年底的35周年宣传时，无不把它的创立时期定在了1988年12月3日，这显然是将高王激素厂当成了宁波第二激素厂的前身。不管如何，岑尧云将自己的事业版图打得更开了，因为相较于做中间体的高王激素厂，宁波第二激素厂已经开始做成品药了。这也帮助岑尧云的激素事业"跳出单纯为制药厂配套的发展瓶颈，使产品直接面对终端市场，直接服务于广大的养殖场"。值得一提的是，在兽用药之后，岑尧云又开始进军人用药。1992年，在得到浙江省商业厅的批准之后，宁波生物化学制药厂也成立了。

第三部分 助澜

岑尧云（后排左六）与员工在宁波第二激素厂前合影

只是，企业的发展并没有给岑尧云在外人面前带来"尊严"。1990年，他和宁波外贸公司的领导一起奔赴日本，与日本客商当面洽谈产品的销售情况。这也是岑尧云第一次走出国门，所以至今还记忆犹新。让他们难堪的是，在同日本东京东理公司谈价格时，从翻译的语气中可以明显听出日本人对他们的歧视，称他们为"中国佬"。但无可奈何的地方在于，那时他们确实没有实力和对方讨价还价。岑尧云记得，当时市场价每亿激素中间体是1.9万美元，为了拿下客户，他们采取低价竞争策略出价1.5万美元，而对方老板一口咬定1.4万美元。多次商量无果。最后，他们只好按照对方的价格把单子定下来。岑尧云还记得，就在这次谈判过程中，他们还参观了日本的制药厂。看着对方现代化设备流水线生产，自己的小厂简直无法与之相比。可以说，这次参观，开阔了岑尧云的眼界，也增长了知识。他意识到，企业要做大做强，一定要向现代化发展。而我们要想

111

在市场中有话语权，也需要积极培养企业的自主创新能力，这样才能让企业立于不败之地。

从日本回来之后，岑尧云向干部、职工汇报了日本之行。一开始，由于签订了合同，大大鼓舞了大家的信心，使企业日益走向兴旺，但是，在做了这一笔生意之后，日方又再次压价，把每亿激素中间体的价格压到了1.2万美元。这样的步步紧逼，超出了岑尧云的承受能力，最终迫使岑尧云只能将目光投向更新的市场。当年，他就通过一家荷兰公司在上海设立的办事处，开始与荷兰制造商合作，逐步脱离日本中间商，同时抓住国际市场激素价格大幅上涨的时机，再次调整产品价格，使企业逐步掌握销售产品的主动权。

为了企业持续发展，岑尧云接下来又和儿子以及女儿一家人组成家庭团队，经过对生产工艺的摸索与优化，成功研制出绒促性素精品。也得益于此，1995年岑尧云的企业凭借自身实力，吸引到了世界著名的意大利雪兰诺公司与他们合作。岑尧云从意大利引进先进设备，并成立一个尿促性素车间，生产的产品全部返销意大利，并在国际市场上站稳了脚跟。但岑尧云不满足于现状，继续不断地改进工艺，提高产品的纯度和规格，使产品质量列入国际顶级地位，使自己的企业逐步成为中国最大的绒促性素和尿促性素的生产基地。其中，绒促性素最高价格达到每克2万多元，尿促性素最高每克达1万多元，价格比黄金都高几十倍。

也就在1993年到1995年的短短3年时间内，岑尧云的企业不断地开发产品，销售规模也进一步扩大。更让他欣慰的是，以工促农的步子也更加扎实了。"我们村不但在慈溪市被评为先进村，而且还评为宁波'富民村'。"而岑尧云本人，也连续3年被评为"宁波市富民书记"。

第三部分　助澜

岑尧云办公照片

直到今天，岑尧云还保留着当年刊登于宁波市官方媒体的"光荣榜"，有先进党组织60个（含小康村先进党组织20个），有优秀共产党员100名，还有富民书记100名，其中他的名字被他特意勾勒出来，特别明显地呈现在众人的面前。尽管当年在与日本人打交道时倍感屈辱，但是，带领一方群众走向富裕，又让他重新找回了自信。

在我看来，这种荣誉不仅是对从事乡镇企业的创业者、奉献者的莫大认可，更展现了创办乡镇企业的要义，那就是以工促农，亦即富民，在日后，就是我们所共同追求的乡村振兴、共同富裕。

第七章 乡村振兴的"庙山实验"

向世界讨还我们农民的尊严

在陆汉振于庙山村轰轰烈烈推进自己的事业之前的那些年，庙山村村如其名——穷得只剩下一座山和山上的一座庙。

即使后来陆汉振创业成功，成为远近闻名的大老板，他依旧忘不了自己幼年时曾在海水中浸泡的经历，忘不了国家暂时困难时他吃草根、树皮乃至后海的咸泥土的经历。尽管勤劳的人民开山取石，填河沟，平整土地，开展了农田基本建设，但庙山村依旧没逃过苦难的洗礼。他还忘不了自己看见的那些贫苦的庙山人，他们无路可寻，只能在庙山上造起庙，然后一代又一代地烧香拜佛。那时他曾许下过这样的誓言："我长大了一定要赚钱，赚到钱使每个村民能吃上一口饱饭。"当然，他也忘不了自己刚创业时没钱，是东家一百元西家几十元给撑起来的……

所以，在陆汉振抓住锦纶帘子布这个初起的风头乘势而起时，他没有忘记自己的初心，没有被当时已经四处涌动的私人办企的暗潮给席卷而去，而是坚持走乡镇企业这条路。直到今天，陆汉振还记得刚筹办宗汉改性塑料厂时的内部分歧。大家认为："田是自己种的好，儿子总是自己生的亲。"所以，几个骨干便聚在一起暗中酝酿：大道朝天，各走一边。把厂分掉，让个人发家致富。甚至，有人也站出来劝陆汉振，不要聪明一世，糊涂一时。"现在的形势，大家都在办私人厂，闷声大发财；你却好，丢掉'孩子'搞集体，有财不晓得自己发，真是忙昏了头。"对当时穷怕了的社会，我们很难对这种价值观给予抨击，只能摇头叹息。但彼时的陆汉振却是头脑清醒得很，他斩钉截铁地回绝说："贫穷不是社会主义。过去我们为什么穷？是因为社会主义没搞好。我们办厂如果光为了几个人的富裕，仅仅为了自己的安乐，放下集体不管，这不是我的人生观与价值观。我选择的是庙山村走共同富裕的道路！"但这依旧招致了嘲笑，有人就拿他当年创业时被人讨债的经历，劝他不要太天真，这样"你还走共同富裕的道路呢？"但陆汉振说："那是大家不明情况。贫困使农民失去尊严，我办厂让大家共同富裕是要向这个世界讨还我们农民的尊严。走集体经济，消灭贫穷，共同富裕这条路，我走正了，也走定了……"

《时代见证》也感慨，在这样严峻的抉择面前，陆汉振经受住了考验。在1985年夏季一个难忘的日子里，陆汉振对着镰刀锤头组成的红色党旗，毅然举起了自己的右手，庄严地向党宣誓，加入了中国共产党。

某种意义上，陆汉振之所以带领着改性塑料厂排除万难逐步做大，从一厂一直发展到三厂、四厂，并一家带十家，十家带百家，与他的智慧和魄力有关，当然也跟他心向太阳，致力共同富裕的决心有关。

第三部分 助澜

陆汉振向进驻锦纶厂的"党的基本路线教育工作队"作总结报告

不过,共同富裕首先得让自己厂子里的员工得到好处。锦纶二厂破土动工时,陆汉振和他所谓的"厂部领导",即 30 多位共同创业的农民兄弟,还聚在一排阴暗、潮湿的低矮平屋里办公。有人提出要改变办公环境,但陆汉振说,办公条件好有什么用?接待客户用宾馆。但他也承诺,只要把厂做大了,企业发展了,他会给每人提供一座小洋楼。后来,陆汉振果真让他们都住进了气派的办公楼。尽管这座位于金轮南路和金水路交叉口的金轮集团总部大楼,今日已被诸多高档小区所环绕,但从大气的建筑风格——占地约 2 万平方米,建筑面积约 1 万平方米,楼为 9 层,再加内种花草,设施齐全,还可以看出当年的气派来。在这样的办公条件下办公,无疑让人感觉心神舒畅。

潮起潮涌

金轮大厦奠基典礼

金轮集团现貌

对普通员工，陆汉振则别出心裁地设计出了一套属于自己的"陆氏工资法"。"陆氏工资法"包含职工的基本工资、文化工资、职务工资、技术水平工资、工作负荷工资以及贡献大小工资计6项。尽管锦纶厂一开始需要员工带资进厂，但是对他们的回报也很丰厚。比如文化工资实施的细则是，具有高中学历的工人加5元，中专加8元，大专以上则加15元——在一个普通工人普遍只有100多元月薪的20世纪90年代初，这15元的确很诱人，也能让人看出锦纶厂对人才的重视。1991年，陆汉振为了改变企业职工的结构，率先向全市招收城镇居民待业青年160名，文化程度要求高中以上。让人更敬佩的是，这些招来的待业青年，后来有许多被陆汉振送到浙江大学培训，培训以后发大学文凭。这既进一步提升了员工的素质，更让这些城市待业青年圆了自己的大学梦。1992年，陆汉振又投资了300多万元，建造了一幢漂亮的职工教育大楼，任命当时集团的人事部部长、中学教师出身的施达年兼任校长。当年，陆汉振在职工教育上就花了40来万元，日后年年递增。1996年，陆汉振又破天荒地选派文化程度高、政治素质优的年轻干部专门去共青团中央挂职学习，到北京大学培训。1999年，经浙江省教委批准，金轮集团与浙江大学合作，在慈溪创办了宁波金轮文理专修学院，对来自不同省份的近万名员工和社会上未能进入正规高等院校学习的高中毕业生，进行不同级别的学历教育和技术培训。

我们不能说这里面没有陆汉振的私心，那就是提升了员工的素质，可以进一步推动锦纶厂的发展，但是它在客观上的确让很多人受益。哪怕他们日后不在金轮集团工作了，靠着自己在这里学下的一身本领，也能打下属于自己的天地。

和陆汉振做法相似的，无疑是胡长源。这个经常靠着灵活变通来达到自己目的的企业家，在对待员工上却很实诚。

尽管在创办兴业时,他一开始选择的是和政府合作,而不是个私经营,但是在企业内部的经营和管理上,他却打上了自己的鲜明烙印。为了鼓舞人心,以及让公司的发展成果普惠到更多的员工,他说自己曾在公司内部发行"模拟股票"。说到这里,他又提到晋商。因为写过《盘活:中国民间金融百年风云》,所以我一下子就想起当年晋商票号实施的"顶身股"。

所谓顶身股,也叫人力(身)股,俗称"顶生意"。就是票号中的员工,能按所顶的身股与票号出资的股东同样分配红利。此顶身股,并不实缴资金,而是以员工的业绩和贡献为依据,定期评定,确定员工身股的多与少,然后与实缴资本的股东均分红利。"自立以后,务宜协力同心,蒙天获利,按银人股均分。"多数票号开设时的合同都有类似的约定。出资者(财东)为银股,出力者为身股。换言之,资本与劳动分别转变为银股与身股。这样,一个票号的总股份就由这两部分组成。顶身股一般分盈不分亏,不像资本股,盈亏都需管,承担无限责任。但资本股可以抽走或转让,身股却无法带走,一旦离开票号,就不再享受。这样,财东和员工利益就捆绑在一起,共同承担风险,共同分取盈利。实施上,胡长源的"模拟股票"就跟"顶身股"有些相似,是用来激励员工、留住员工的。在外面闯荡多年的经验让他认识到,赚钱很轻松,但分钱不好分。做企业,如何分好钱,比如何赚钱更需要细思。

还需要细思的是,这钱除了内部分之外,也要面向更广阔的外部。用陆汉振的话说,办企业的目的是挣钱,但挣钱的目的不仅仅是存钱,而是应该把所创造的财富用到为社会造福的大事中去。

旧"山"换新颜

如果我们今天再去庙山村，会发现这样一幅画卷：推窗即景，绿树成荫；别墅成排，鸟语花香。和以前截然不同。2023年10月中旬，当我站在这片村庄别墅化、道路网络化、环境园林化的图景当中，不禁心生感慨，如果中国的村庄都能像这样，那该多安逸。

当然，今天的庙山村已然不是乡下的小山村，而是和城市融为一体的村庄，这让人陡生大隐隐于市的感觉。

庙山村旧貌

庙山村新颜

所有的一切，都源于陆汉振的一个决心，那就是"以厂带村，厂村共赢"。他不知道自己所创造的这个模式，或者说即将进行的实验，既是"厂城融合"这一未来时尚的先声，更是乡村振兴和共同富裕的晨鸣。但陆汉振一定知道，这是走向共同富裕的必经之路。

以厂带村的第一种方式，和岑尧云的"以工促农"相似，就是让自己的村民成为直接受益对象。根据报道，"（庙山村）全村有80%的劳动力在金轮集团工作，他们既拿集团的工资，又享受城镇职工养老保险，现享受对象每月可拿到700多元的补助"，这让庙山人一下子变得宽裕起来。

以厂带村的第二种方式，就是积极投身于全村的发展建设当中。得益于此，从1993年起，庙山村就确定"统一规划、统一拆迁、统一建造、统一搬迁"的目标，开始积极落实新农村建设。其中，通过实施"夕阳工程"，陆续投入资金建造老年公寓，每套老年公寓内厨房、卫生间、客厅和卧室一应俱全，屋内宽敞明亮，面积有80多平方米。该村子女结婚后三代同堂的老年人，可免费入住村老年公寓。此外，还对55岁以上的老年人按月发放足额养老金，其中，60岁以上的老人每月200元，80岁以上的老人每月300元，另外每年还对他们进行一次免费健康检查，达到老有所养、老有所乐的目标。对村里的学生，也不吝于重奖，比如对高中生每月发放生活补助费，对前五名的在校学生每学期发放奖学金，若是考上高等院校，还给予重奖。肉眼所见，伴随着这一过程，村民的生活质量明显得到提高。

让人对陆汉振更是竖起拇指的，还是他先后投入7000万元，整体改造了庙山村。他想让村里的每个人都能住进别墅，享受前人不敢想象的生活，也享受城里人羡慕的目光。谁说村里的人，只能眼馋外面的世界呢？根据报道，在新村建设过程中，村里完全实行让利于民、普惠于民政策，配套设施建设全部由村里投入，所有开发的别墅以基建价格卖给农户，对于农户原来的老屋由村里按评估价收购，拆除老屋后付给农户收购款，农户只要拿出10万元左右即可入住面积200平方米左右的新居。到2016年止，这些单体或联排别墅共建了350来幢。干部群众无不欢欣地说：入住庙山新村，就等于自己一夜成了百万富翁。甚至，有些早年搬到城里居住的村民又把家搬回了村里。

除了别墅，村里的配套环境也很好，绿地面积近5万平方米，村庄绿化覆盖率达36.5%，而这些都由村民们自己打理，村里的绿化队、环卫队都是村里人，自己的家园，会更用心守护。此外，村里还有公园、医疗卫生服务中心、老年活动中心和篮球场，设施齐全。

被一同改造的，还有庙山上的寺庙。今天这座寺庙叫海月寺，住持释明德是很早从普陀山邀请来的。站在一路向山顶攀升的普济桥上，望着周边一派庄严肃穆的寺院，住持感慨，若不是陆汉振的大手笔，海月寺很难重现当年香火鼎盛的气象。

网友"慈溪老陈"在新浪博客中曾详细地描述过海月寺的渊源。根据他所述，该寺何时初建暂无可考，但根据清道光三年（1823）成书的《浒山志》和民国九年（1920）编成的《余姚六仓志》这两部优秀的地方志书记载，明朝嘉靖年间该寺已经建成，距今已400多年。在中华人民共和国成立之前，该寺规模相当大，共建有七进寺院。值得注意的是，其第五、第六进东西两边各有侧屋五间，除摆放四大金刚之外，东边设施氏始祖堂，西边设马氏始祖堂——从中可以看到，除马氏之外，施氏也是宗汉的"大姓"。本书的前言在提及三北地区整治海塘时，说到南宋时期的一位先人——余姚县令施宿，正是他将大古塘的西边塘堤延长到临山，并将其中5700尺土堤改成石堤。而这位爱民的施县令，也正是宗汉境域施姓始祖。将施氏始祖堂设在海月寺，可见当地对施宿带领县民于筚路蓝缕之中建设家园怀着莫大的感恩。

海月寺的存在，曾一度给这个破旧的山村带来了精神上的慰藉和难得的娱乐。据说每年的农历三月廿一至四月初，都要在此地举行庙会。"庙会期间，商品交易十分兴旺。寺庙大殿内举行祭祀和各类物品交易，戏台上日夜演戏，寺庙周围的几十亩土地上，临时搭棚，开展各类生活农用物资大交流，摊贩云集，百货竞销，戏拳比武，草药郎中大力士卖膏药，赌场、酒馆、茶坊等一应俱全。热闹非凡，誉满宁绍地区。"可谓是浙东地区较有名望的盛会。只可惜，由于战火导致寺院被毁。据《慈溪市宗汉街道志》记载，"清道光元年（1821），庙山市迁至马家路街兴起集市"。根据"慈溪老陈"的印象，自他在20世纪60年代初出生以来，庙山有点名不副实，只剩一个光秃秃的癞头山。"我和伙伴每次去浒山从庙山桥上路过，只见此山脚东边江沿有个造船厂，西边有个小型的制氧厂而已，山上连树木也难得一见，因此，对山顶上以前的寺院庙屋毫无印象。"

尽管在这篇博文中只是提到在20世纪90年代初，该寺院由民间热心人士发起重建，并没有指名道姓，但是在海月寺的匾额上，清晰地注明"陆汉振献释明德立"字样。不得不说，尽管"殿房建设未与历史上的寺院原貌作参照，仅仅根据村民企盼愿望而建造，没有与过去的老殿房相统一"，但来自企业界能人的乐善好施，还是让庙山村重新拥有了宗教活动的场所，更重要的是，重续了自己的历史文脉。同样是冥冥之中的注定，住持释明德出家前是四川省安岳县人，当过村干部，办过粮食加工厂，可以说和庙山很投缘。

今天的庙山村，里里外外方方面面都透着一种不同以往的气质，这也让它收获了无数的荣誉：全国创建文明村镇工作先进村、国家森林村庄、浙江省文明村、浙江省绿化示范村、浙江省森林村庄、浙江省村镇建设先进村、浙江省"一村万树"示范村……不一而足，让人觉得有些不可思议却又在情理之中的是这样一项荣誉：浙江省AAA级景区村庄。

和庙山村异曲同工的，还有岑尧云所在的高王二大队。今天，他那位已经进入激素厂高管层的外孙钱星宇还记得，自己的外公是一位富有社会责任和爱心的人。"外公常常给我讲，办企业一定要懂得感恩，要有社会责任，要有大爱，现在国家政策环境好，给我们民营企业提供了良好的政策环境和营商环境，我们企业发展了就更应该回报政府，回报社会。"同样，也是通过岑尧云的讲述，钱星宇得知，在岑尧云还是高王二大队支部书记的时候，农村经常断电，一到晚上村庄漆黑一片，什么事也不能做。当时岑尧云就决定由村办企业出资，购买发电机，整理每户人家的供电线路，完善供电网络，做到不管断电与否，村庄晚上总是灯火通明，同时将村里和村周围泥路、石板路都改造成水泥路，对村周围的河道进行清理整治，最终把高王二大队建设成了远近闻名的灯明、路平、水清的文明村。即使日后岑尧云因年龄从村支书的岗位上退下来，专心经营医药事业，但他仍然"时时心系村里建设、关心村民生活情况"。他先后出资给村里装电话，出资新建小学，安排村里适龄青年到企业工作，解决村民就业问题，给全村60岁以上的老人发放生活补助（现在每年要补助20多万元），并对一些特别困难的老同志、困难户，给予特殊的照顾和经济资助，积极践行企业家的社会责任和关爱精神，"深受当地村民的尊敬和爱戴"。

"为什么我的眼里常含泪水？

因为我对这土地爱得深沉……"

多年前，艾青曾用饱含深情的诗句，表达了自己对脚下这片热土的爱意。同样，尽管人生的前半程充满着苦难，但苦难犹如磨刀石一样，让岑尧云和陆汉振等人的人生就此打磨出了熠熠的光彩。如果他们是一只鸟，那么，他们一定会用嘶哑的喉咙歌唱：这被暴风雨所打击着的土地，这永远汹涌着我们的悲愤的河流，这无止息地吹刮着的激怒的风，和那来自林间的无比温柔的黎明……

某种意义上，正是爱和责任，让他们脚下的这片热土得到了回馈，并旧貌换新颜，成了富庶之地、温柔之乡，甚至成为："共同富裕先行地"。

给自己圆梦，给更多的人圆梦

如果要问徐娣珍，这辈子做得最辛苦又最有幸福感的事业是什么，答案一定不是做裁缝开服装店，不是搞船跑货运，也不是让她一度赚得盆满钵满的摩托车，而是教育。

直到今天，徐娣珍还记得慈溪市里的一位分管文卫的女性副市长，以及她对自己说的那番话。在慈吉集团跨入慈溪市重点企业行列之后，那位副市长在一次交流当中这样对她说："国家现在号召科教兴国，正在沿海发达地区探索公益事业社会化的路子，借助社会力量办学是教育事业的重要补充。慈溪市想成为浙江省教育强市，企业办好了要回报社会，你是不是考虑一下办教育？"

《慈孝故里圆梦人》一书这样描述徐娣珍在听到这番话时的心情：她想起了上小学三年级时做的那个奇怪的梦，她梦见自己在飞，看到了满天的星星，还看见了阳光和一排排红色的房子……多少年来，她一直没有忘记这个梦，而这个领导的话，让这个梦有了灵魂。

徐娣珍在创业上一路走来，有风雨有彩虹，但总是昂扬向上，唯一让她觉得遗憾的是，有些事没有去做，有些书没有去读，但错过了就是错过了。尽管后来她一边经商一边自学了经济管理学、市场营销学、企业管理学、社会管理学、教育学、哲学、心理学等学科的大学课程，但是，当她同满腹诗书，操着一口流利外语的知识女性交往时，仍然很羡慕。今天看来，她做的那个奇怪的梦，也许是源于潜意识里对学习和知识的热爱。它们犹如隐形的翅膀，让当时的那位小姑娘更接近天空。但现实是，那位小姑娘为了一个新书包同母亲怄气，一气之下就不念书了。所以，这段经历成了徐娣珍强悍内心当中最柔软的部分，不时提醒着自己：我要办教育，我要让千千万万的孩子接受良好的教育。换句话说，就是她要办学，让千千万万的孩子去圆自己年少未圆的梦。

面对领导，徐娣珍表示，自己的企业蒸蒸日上，有能力回报社会，所以她愿意做，加上有市里，有领导的支持，"我想我一定能做好！"但是她也清楚，面对这个全新而且没有任何经验的行业，光靠梦想和激情肯定不行。领导似乎也看出了她的心思，让她先考虑考虑再决定，但此时的她，却马上回答："这个我不需要再考虑了，尽管我没有办学经验，但我可以先从最基础的做起，也算是摸着石头过河吧。"她决定，从幼儿园开始做起。但是，她做就要做慈溪最好的幼儿园，建全省最具标志性的幼儿园！

不难想象，这一决定在集团和家人中都遭到了坚决反对。因为办学校意味着巨大的投入，而前期投入几千万元甚至几亿元，都是很难一下子看到回报的。身边的高参们帮她算账，如果把几个亿的钱全部投到房地产行业，那得赚多少？但内心有定力的徐娣珍说："现在我们有钱，那是因为我们赶上了改革开放这个好时代，是国家的政策好，我们赚了钱理应回报社会，何况办教育也会有回报。"又说："如果我对社会没有贡献，如果不能为国家和人民做点有意义的事，我赚再多的钱又有什么用？"

正是在徐娣珍的坚持以及循循善诱之下，中国民办教育"慈吉模式"的大门，在1999年5月10日这一天正式打开。也正是在这一天，慈吉幼儿园正式批准成立，年轻的慈吉集团就此迈入了一个全新领域。尽管当时慈溪的幼儿园已经数不胜数，但优质幼儿园还是不多见。徐娣珍心里清楚，随着社会的发展，大家逐渐意识到教育是提高人口素质，以及中国现代化建设的重要保证，而"教育从娃娃抓起"也成了新时代老百姓的呼声。所以，尽管这次是单枪匹马进入教育领域，但徐娣珍心里还是很亮堂。

直到今天，徐娣珍也还记得自己在创办幼儿园上动的那些脑筋：在软件上，花大价钱请上海最好的幼儿园的退休园长和大学教育学教授来当园长；请外籍大学老师来教孩子们英语，让孩子能直接和外国人对话……在硬件上，把幼儿园装修得比五星级酒店还要好。那时候很多人都认为幼儿教育过得去就行，没必要浪费。但她偏不。此外，为了实现"要办就办最好的幼儿园"这一目标，她还提出了一个响亮的口号："给我一棵稚嫩的幼苗，还您一棵健壮的小树。"

尽管没有经验，但是徐娣珍善于用人，用她自己的话说，就是善于"借脑"，并且怀抱着对孩子负责的一腔"母爱"。徐娣珍于无声处见惊雷，打造出了全日制幼托一体化的现代化养育教学模式，得到了各级领导、业内同行的充分肯定，成为全国幼教界的一张名片。《慈孝故里圆梦人》一书骄傲地写道："开始10年来，慈吉幼儿园每年只招收250名孩子，可是提前一年报名就有一两千人。""在慈溪这块富庶的土地上，即使将每个孩子的入园费涨到10万元也不能满足需求。但徐娣珍不让上涨入园费，而且每年投入幼儿园的维修与设备设施更新费用都在200万元以上，远远超过幼儿园的实际收益。"

但对徐娣珍更弥足珍贵的是她在幼儿教育上的摸索。这为她在今后创办教育集团、打造"教育航母"奠定了坚实的基础。为了响应当地政府的号召，也为了缩小教育不公平带来的差距，让更多的学子有就读优质学校的机会，换句话说，就是让更多的慈溪人、余姚人乃至宁波人，不至于跑到杭州、上海去求学，同时，也是为了满足当时教育供给还不能满足人民对高质量、多样化、人性化教育的深层次需求，徐娣珍从幼儿教育，再接再厉切入中小学教育。2000年5月，她把自己奋斗几十年的全部积蓄和摩托车集团的所有流动资金全部投入到教育上，成立慈溪市慈吉教育集团有限公司。同年，她又创办了慈吉中学和慈吉小学。

当然，这里面还有鲜为人知的故事。徐娣珍在40岁那年，因为多年的辛劳创业，她的身体被急速消耗，在一次全面检查中被确诊为恶性疾病。尽管化疗的那段时间很难熬，但她依旧没有选择放弃事业。在生死线上思考了无数日夜之后，她躺在病床上给市委、市政府及市长写了一封长信，汇报了自己身患癌症的情况的同时，还衷心表达了自己的意愿：社会责任高于一切，假如手术不成功，自己回不来，她将所有的资产都用于教育，建立慈溪也是浙江最大的中小学民办教育集团，保证把这一教育百年大计落到实处——大概这份深情也感动了上天，在家人的关爱，当地政府的呵护，以及医生的精心治疗下，徐娣珍从鬼门关上被拉了回来，至今身体安康。但是，这场变故也让她意识到，人的精力有限，企业要做取舍，但对她来说，舍的一定不是教育。

某种意义上，正是岑尧云、陆汉振、徐娣珍等人在创业的路上时刻不忘初心，向死而生，让国家更有希望，让社会更有进步。得补充说一句的是，在1994年11月，徐娣珍光荣地加入了中国共产党。从中可以看到，很多乡镇企业家都自觉地向党靠拢，用共产党员的标准来严格要求自己。所以，未来我们要想继续推进共同富裕，全面建成社会主义现代化强国、实现第二个百年奋斗目标，一定要在不断解放思想，持续改革开放的同时，充分发挥党员的先锋模范作用。

当然，我们也不能忽略乡镇企业在实现共同富裕过程中的作用。尽管乡镇企业包含着多种所有制的企业，但本质上属于乡镇集体经济，全体乡民、镇民、村民都是企业的主人，所以乡镇企业理所当然肩负了"为主人服务"的使命。乡镇企业推动了当地经济的发展，在统筹城乡发展的同时，也努力为当地人民谋福祉。相应地，正因为"得道者多助"，或者，自助者天助，让岑尧云、陆汉振、徐娣珍也赢得了更大的名声，从而推动其企业走上持续发展的道路。这也就是陆汉振所说的"厂村共赢"。接下来，是"厂城共赢"，到最后，是"产城共赢"。

所以，哪怕日后宗汉的乡镇企业因为各种原因而消失，接棒的民营企业依旧将共同富裕放在了自己的心底。

第四部分 蝶变

第八章　撞上"天花板"

银根紧缩和"三角债"

这个世界永远没有一条笔直的河流。由于地转偏向力的存在，河流总会向一侧侵蚀，而河道的凸侧则因为泥沙的沉淀而淤积，最后导致河流一路上不断改道，不断弯弯绕绕，就像黄河那样九曲十八弯。

中国乡镇企业就像这河流。它在发展过程中既受其自驱力的影响，又一直受着某种偏向力的影响。而这种偏向力既来自政策及意识形态层面，当然也来自自身。事实上，来自自身的偏向力对中国乡镇企业的"杀伤力"也许更大。

正如岑尧云当年所见的那样，1981年个私经济的兴起，是计划经济向社会主义市场经济转变的一种代表现象，但是，它对乡镇企业的"挖墙脚"，以及与乡镇企业员工的"暗通款曲"，同样让岑尧云等人颇感无奈。如果不是岑尧云和陆汉振等人的坚持，很多乡镇企业很早就会分崩离析。

即使是在乡镇企业起势凶猛的1984年，也潜藏着各种危机。"查阅1984年年度总结报告，我们发现此时慈溪县乡镇企业已经呈现'五多'

特点，即'千万产值乡镇与百万产值企业增多''新办企业增多''新生产项目和生产产品增多''新生产设备增多''乡镇企业从业人员收入增多'。这些在当时县委、县政府领导看来是地区发展的优势表现，实则都是企业盲目扩张的证明。最关键的是，这些扩张性投资绝大部分来自银行贷款。1984年全年县内发放贷款额激增至17790万元，同比增长78.5%。这一数值虽然也与后期银行改革有关，但乡镇企业生产经营过分依赖银行贷款的事实毋庸置疑。"

1988年年底至1989年间，中国的许多企业都陷入了发展的困境。原因很简单，那就是国家压缩国有资产的投资规模，银行银根抽紧。这不仅导致消费降温，工厂开工不足，而且，原料辅料价格上涨和企业生产成本上升，也让很多乡镇企业最终因资金、原料和产品销售等方面的多重制约而纷纷落马，一些缺乏竞争能力的乡镇企业更是惨遭淘汰。

当然，还有另外一个问题，就是"三角债"。所谓"三角债"，就是企业相互拖欠货款的俗称。简单而言，就是A欠了B的，B欠了C的，C又有可能欠了A的。如果所有人的企业运营正常，这种拖欠很快就能得到解决，即使拖一段时间，也不会出现太大的问题。某种意义上，这种"三角债"是建立在企业之间相互信任的基础上，一旦其中的链条出现断裂，所有的信任就分崩离析。比如A因为失误造成运营困难，没办法还款给B，B也就没办法还款给C。或者，B收到了A的欠款，但因为自身也出现了问题，所以款子被占用了，没办法给到C。又或者，B拿去还了D的债。最终，本来可以帮助企业缓上一口气的"三角债"，却成了勒死企业的缰绳。

邹林元就被这"三角债"给逼得有点喘不过气来。当年他在慈溪当地领导的支持下，转战塑料行业，通过搞阻燃材料收获颇丰。但让他和儿子很郁闷的是，这些钱都是停留在口头上，或者"数字"中，很难收得回来。这也意味着，他的货卖得越多，就亏得越大。要想不亏，得靠对方"良心发现"还款。好在一位到包头任职的朋友给他指了一条方向，那就是不妨搞稀土产业——这个远在内蒙古西边的城市，是中国稀土之都，其所辖的白云鄂博矿是全球最大的稀土矿，相关研究表明，除轻稀土外，该矿还蕴藏着丰富的中重稀土资源。1997年，中国北方稀土（集团）就在包头成立。不管这是前言还是后话，总之在很早的时候，一些开明人士就已经意识到，稀土的前途很大，虽然当时主要是国企在做，但也有几家民营企业因此发了大财。如果邹林元能有机会介入，那是最好不过的了。正是在这种机缘之下，邹林元又一次开启了自己的转型之路。

陷入被动的还有陆汉振。因为1988年年底至1989年间，也就是陆汉振的锦纶二厂破土动工的时日。原始资本积累本来就不足，加上发展速度又如此之快，陆汉振手头紧张得连员工的工资都快发不出来，得靠销售款"现收现发"，到最后，这样的做法都无法保证了。雪上加霜的是，全国各地开始清理"三角债"，更是导致讨债者纷至沓来。

《时代见证》也生动地还原了陆汉振当时的窘迫：在职工大会上，陆汉振含着眼泪请求他的工人原谅他。他说：他有能力"翻本"！因为国内基础工业肯定要发展，因此，锦纶厂的困难也是暂时的。他要他的部属团结一致，静待时机，随时进入状态，跟他共渡难关。

不得不说，陆汉振的判断还是很对的。他的工人无疑也是信任他的，尽管1000多名职工没拿到工资，但照样干活。陆汉振说："这就是慈溪的农民，他们跌得倒、爬得起！你让他们吃一口饱饭，他们真心记住你一辈子……"这种信任，加上胆量，让陆汉振还是在锦纶厂自开业最困难的时刻，作出了"二厂照常上马"的决定。

这一决定，体现了中国农民的生存智慧。乡土的本色，让他们的生命有天然的厚重感，时日愈久，愈是能磨出最清透的智慧和最有效的法则。但与此同时，对事功的追逐，让他们学会了将顺势而为与逆势之思相结合。正如老子在《道德经》中所言："众人皆有以，而我独顽似鄙。我独异于人，而贵食母。"他们也善于通过正反两个角度去思考问题，进而敏锐地把握全局，并进行布局。

只是，虽然可以依赖高人的指点突围，或者像陆汉振这种通过自身智慧从危险中逃出生天，继续寻找到生存乃至发展的机会，但问题是，不是每个企业家都能达到陆汉振这样的高度，也不是每个企业家都能有邹林元那样的好运。

野蛮生长下的"大逃杀"

和邹林元一样，邹汉权也没有过上几天"好日子"。当年他从事电镀，做得好好的，但转眼就面临着无数的竞争，只好改做管业。可是管业同样没做多久，也面临了新的竞争。而这种竞争背后的原因和以前如出一辙。

今天，当我们讴歌中国的乡镇企业家像野草一样，只要市场上哪有空白处，就往哪里扎时，却有意无意地忽略了初期乡镇企业的领导人，不管是能工巧匠，是立场坚定的社队领导，还是招来的能人财人，大多是农民出身，即使穿上了西装打上了领带，也是刚刚"洗脚上岸"没多久。所以，当时他们对世界发展的认知，近乎只是依赖于本能。他们对产品的认识和研究，也近乎停留在同质化竞争，别人做什么，自己跟着做什么。

《时代见证》一书就对这一场景作过深度描述。书中说："自20世纪90年代开始,江浙一带乡镇企业办起了许多锦纶帘子布厂,继而发展到全国各地。""本来嘛,市场又不是你陆汉振一个人的,你能办,我为什么就不能办?"但问题是,"这些新办起来的锦纶帘子布厂三五成群,相互抱成团,如散兵游勇式的游击队,隐没在'青纱帐'中神出鬼没。由于'船小掉头快',生产成本相对不高,为了追求自身的利润,小厂抱团在价格上与大厂竞争"。这使得金轮集团许多原先的客户,到最后纷纷掉转"枪头",拥抱别人去了。

当时的国内市场,除了河南平顶山的一家国营企业和金轮集团平分秋色之外,其他企业也占了不足40%的市场份额。尽管看不上去没那么多,但这40%,足以把市场秩序搅得天翻地覆。

更让人恼火的是,这些小厂除了"东一枪西一枪""打得赢就打打不赢就跑"之外,有的还冒用大企业的商标来滥竽充数。陆汉振就深受这样的困扰。他发现自己注册的"金轮"商标不仅被别人冒用,而且大有星火燎原的走势。当李鬼势旺,真正的李逵不免受到影响。

陈成泗也深受其扰。在创办合成纤维厂,并在丙纶长丝、丙纶无纺地毯、聚酯中空弹性纤维、聚酯大有光三角异形短纤维的研制和生产上相继获得成功之后,他获得了诸多荣誉,但也开始面临着诸多冲击——很多人跟着涌了进来。尤其是在1993年以后,随着民用化纤产品开发的快速发展,市场竞争日趋激烈。甚至,他手下的不少车间主任也找上了他,跟他说对不起,因为他们也要独立创业。那个时候没有竞业协议,加上他们给厂里作了不少贡献,他也不好拦住他们。正是因为陈成泗这样源源不断地"输送人才",今天慈溪当地有几十家化纤企业都跟他或多或少有些关系,他也被人称为慈溪化纤业的"黄埔军校校长"。但他因此也感受到了巨大的压力,公司在1994年还有利润800多万元,到1996年时,已经迅速下降到只有200万元。"一下子销售额掉下来，销售利润全面下降"，这让陈成泗总觉得面子没有了，压力很大。他只能想办法寻找新的突破口。邹汉权同样如此。

在这种情形下，如果还想站稳脚跟，不被风吹浪打走，还有几种办法。

一种是"规模化"，通过规模的扩大，建立自身"大而倒不了"或"大而不能倒"的护城墙。这也是陆汉振之所以在一厂刚建没多久就开建二厂，到最后生出一堆"工厂宝宝"的内在动力。他要趁着很多人还没反应过来，把企业做得足够大，这样就不怕别人的跟风和冲击了。但也有问题，那就是船大了不好掉头。而且，这种规模化到底该怎么去定义？是围绕着主业进行布局，还是不管三七二十一，什么领域都插上一脚？日后，被金轮集团正式聘用的陆金龙就有点想不通，如果说金轮集团创办热电厂以及铝合金厂，还是和主业多少形成配套，但是做摩托车，甚至是服装厂，就有点陷入扩张的"陷阱"了。这最终还是给金轮集团的发展带来了很大的影响。事实上，就像很多人欣赏的步鑫生，最终从神坛上摔落下来，也多少和他的盲目扩张有很大关系。

一种是"做出口"，打通国外市场。在这一点上，岑尧云受益匪浅。陆汉振其实也不甘示弱。1994年2月，当价值为19.36万元的8.41吨帘子布第一次出口印度以后，金轮集团喝到了国际帘子布市场当中的"头口水"。尤其是2001年中国加入了WTO，陆汉振更是抢占这一有利时机，在保持国内市场占有率的基础上，积极开拓国际市场。同样，邹汉权也通过积极争取，在1995年就拥有了自营进出口权。和前面相似，这也有问题，那就是国际人才的缺乏，以及国际贸易准则的缺失，让人容易栽跟头。

第四部分　蝶变

邹汉权就记得，有一次跟意大利做生意，200万美元的业务，对方开来的信用证注明是在威尼斯交货，临了才知道，威尼斯没有对外港口，只好到米兰卸货。结果对方银行以地点不符拒绝兑付信用证。更可气的是，对方不知道通过什么关系，将这批货给搬走了。最后只好打官司。但这是在人家地头上，官司也不顺畅，到处都是推三阻四，最后，本来能赚200万美金的业务，最终只收回来了200万左右人民币。这提醒他，和外国打交道要慎之又慎。

除了以上两点之外，在国内最好使的办法，也是市场普遍存在的一个现象，就是"价格战"。换句话说，就是通过尽量压低价格，让竞争对手无法承受，进而赢得市场。陆汉振也打过这样的价格战。《时代见证》中提到，"为了金轮（集团）的发展速度，陆汉振下出的另一步棋，堪称是市场上的'恶招''险招'"，不过，在农民企业家创业的过程中，"这步棋不得不走，不可不走"。

尽管从感情上来说，陆汉振也同情那些乡镇企业，深知它们曾遭受过太多的贫困与艰难——这点很好理解，他本人也是因此走上了创业之路。这也让他对这些企业的困境深有体会，甚至还想拉它们一把，一起走共同富裕的正道。但是，市场是残酷的。如果听之任之，让这种无序竞争继续下去，影响自己不说，还会带坏整个市场。陆汉振必须在仁慈心与竞争力中挑选一个。

陆汉振为此找上了平顶山那家国企，打算与其联合——尽管对方也是他的竞争对手，但他更迫切需要的是把其他"乱世英雄"淘汰出局。1992年3月，在慈溪杭州湾大酒店，陆汉振和该国企的某位高管会晤，共商锦纶帘子布市场降价问题。陆汉振很鲜明地向对方表明了自己的态度，那就是如果两家企业不联合，不降价，那么就会面临无序竞争，最后市场照样被做垮，大家都是死路一条。而且，陆汉振更清楚的是，对方作为国有企业，在经营管理方面不如自己灵活，所以受到的冲击更厉害。对方对降价之后，他们两家平分秋色的局面是否还能维持下去表示了忧虑。陆汉振则表示，"暂时能，中小企业面临更大的资金压力，他们顶不住！"当然，他也开诚布公地说，以后他们两家肯定还会有竞争，"只要市场存在，这种竞争永远不会结束。但这却不是今天的话题"。

对方最终也接受了陆汉振的建议。他也明白，自古华山一条路，在市场经济大潮当中，不是你吃掉我，就是我吃掉你。这种现象是不会改变的。

最终，会议在双方都满意的价格前提下达成了协议。多年后，金轮集团的领导层都不太愿意再提及这次降价风波，毕竟，这不算什么光彩的事情，更重要的是，价格战往往是杀敌一千，自损八百。而对很多企业来说，为了做到更低的价格，只能靠压低用人成本，甚至是产品质量，这到头来依旧会让整个市场陷入恶性循环。

不得不说，来自各方面的原因一度让乡镇企业在发展过程当中的偏向力变得蠢蠢欲动，甚至不可遏制。当然，只要我们坚持社会主义市场经济，来自市场上的问题大部分可以由市场解决。

但是，对乡镇企业来说，还不得不正视两个致命的问题，那就是经营管理上的欠缺，以及产权制度的不清晰。这些都让逐渐进入"知识爆炸""外资狂潮"新时代的乡镇企业，被甩开了一大截。

破碎的幻觉

饶是精明如胡长源，在创业多年之后，也会不禁惶恐。他能切身感受到时代的急剧变化：一方面，身边冒出了一堆能人和财人加入竞争；另一方面，自身的事业也在不断进化之中——从刚创业时，主要产品只是普通黄铜带，到1988年后扩充到普通青铜、紫铜、水箱带，再到1993年成立宁波兴业复合金属材料有限公司，推出高精度青铜带、高精度黄铜带……这让胡长源觉得自己有点跟不上事业发展的步伐了。

所以，这位很早就辍学的企业家，通过努力，在1988年获北京经济函授大学授予的现代经济管理专业学习文凭，并于1995年经浙江省人事厅认定为高级经济师。他希望自己能努力抓住这个时代变迁的节奏。

我们得承认，20世纪80年代是属于个体户和乡镇企业家的时代。因为堪为对手的干部和知识分子还基本束缚在体制之内，又是特殊时期，对知识、技术和管理经验要求不高，所以有"所向披靡"的美好幻觉。这种幻觉就如彩色的肥皂泡那样，飘在空中看上去特别美好，但是并不能维持多久。因为，更为开放的20世纪90年代来了，大批干部和知识分子以及国企管理者"下海"，蓝海顿时变成红海，在教育程度、知识水平、管理经验、视野等方面处于劣势的个体户和乡镇企业家顿感压力。

某种意义上，这也是徐娣珍对当年弃学耿耿于怀，以及陆汉振等人投资巨款办学的又一内在原因。

只是，靠着教育来改变乡镇企业的命运，还有待时日。雪上加霜的，还是中国加入WTO后外资大举进军中国。外资带来的不仅是美元、欧元或英镑，更重要的是，带来了对中国市场的巨大野心。虽然中国乡镇企业的发展有自己的比较优势，但这种优势很大程度上是建立在相对封闭的区域市场、相对薄弱的产权意识，以及各地政府的保护之上。外资的到来，显然冲击了这一市场和保护，让中国自改革的第一天起就开始的利益博弈格局变得越来越错综复杂。

马信阳对此感触十分深刻。早在1988年，当他刚刚研发出输纱器没多久，来自国外同行的竞争就如影随形。次年，德国迈耶西公司生产的针织大圆机就开始打入中国市场。他们在针织机的主机上附带了自己生产的输纱器。与此同时，德国输纱器制造商美名格-艾罗公司也瞄准了中国市场。作为当时中国输纱器行业的老大，马信阳的企业自然成了它狙击的直接目标。即使远在中国万里之遥的西欧，美名格-艾罗依旧使出了一连串的拆台和封堵招数。尤其是在英国的同行崔泊拉脱公司抛来橄榄枝要与马信阳合作共赢后，美名格-艾罗就将崔泊拉脱给吞并了。日后，又有谢尔顿、肯伯两家公司找上门来寻求合作，并准备与马信阳成立合资公司。汲取上次的教训，马信阳在保密工作上做得十分到位，但不知道又在哪个环节出了纰漏，美名格-艾罗再次采用挖墙脚以及釜底抽薪的方式，收购了谢尔顿——让人很无语的是，其时三方成立的合资公司都已经签订好合同了，三方承诺注入的所有资金也完全到位，但因其中一方的法人发生了变更，合资公司没法运作。这就意味着，马信阳跟英国同行一起合作创业的规划再次夭折。前前后后，马信阳花费了5年多的时间，投入了大量的精力和成本，却鸡飞蛋打。这也给马信阳留下了"阴影"：别看这些企业大佬在国际谈判场合一个个西装革履、文质彬彬、笑容可掬、客客气气，但在私底下却不是这样。

从一定程度上来讲，外商直接投资的进入虽然不是乡镇企业在20世纪90年代后发展放缓、转型及陷入困境的直接原因，但是，它在方方面面都向乡镇企业施加了压力。除了直接阻击之外，它还通过金融深化这一纽带对乡镇企业的后期发展产生了重要影响。

外商直接投资大量涌入，带来的压力在一定程度上推动了中国金融自由化的改革，但是它也撕破了包裹在乡镇企业外部的"金融保护膜"。如前所述，在当地政府的默许或者是助推下，乡镇企业比较容易地从当地的信用社或者银行取得贷款，但其赖以生存的金融支持机制被打破后，后续的保障却未能跟进，甚至在市场化大潮中，很多金融企业为了自身的利益而将目光盯在了国企、外资以及其他的大中型企业身上，而不再对乡镇企业给予足够的关心。这在给很多乡镇企业家带来困扰的同时，也让乡镇企业先天不足的产权问题和因产权问题导致的经营管理水平低下的问题暴露无遗。

这种先天不足的产权问题，在过去"姓社还是姓资"的年代，是所有人不敢触及的问题。即使步鑫生的改革石破天惊，但也是停留在承包经营上，换句话说，就是经营权归企业，但所有权还是得归集体。

这么做的好处，就是当地政府会把乡镇企业当成自己的孩子来呵护、提携，但事后看来，导致了乡镇企业因为溺爱太多拼劲不足，政府过度汲取以及干涉独立经营权也导致企业发展后劲不足。雅戈尔的创始人李如成谈及当年从村里的青春服装厂起步时提到，虽然自己身为厂长，但由于产权制度不清，不但没有人事任免权，连给员工增发一点奖金的权力都没有。这让人越干越窝火，也没劲头。很难想象，在这样的情况下，在推行现代企业制度的外企面前，乡镇企业如何才能赢得胜算？

与此同时，随着国家在20世纪90年代推行分税制改革（乡镇企业纳入统一税制管理，不再享受税收优惠）、国有商业银行改革、要素市场化改革以及《土地管理法》的实行（农村企业用地必须国家征占），乡镇企业很难在资金、税收、土地上得到优惠，也很难像当年价格"双轨制"那样吃得很饱，甚至很撑，同时，当地政府也很难像以前"财政包干"那样得到更大的利益，所以对乡镇企业的扶持相对意兴阑珊。

还需要注意的是，就像岑尧云的"富民"、陆汉振的重造庙山村，乡镇企业在推动共同富裕上价值满满，但这多少也和企业追求利润最大化的目标有些不一致，容易给企业的后续发展带来困扰。乡镇企业之所以被数次整顿，原因也在于不以营利和持续营利为目的的企业，不是真正的企业。

这也注定了要想打破乡镇企业的"天花板"，推动乡镇企业在全球化竞争中持续发展，需要的是持续改革，特别是产权改革。

换句话说，就是大破，然后大立。

第九章　向上的内在生长

从"四轮驱动"到乡镇企业改制

在今天位于前湾新区的兴业合金工厂的宣传室中，展示着兴业集团多年发展的历史脉络图。其中，它对1998年是这样形容的："兴业集团进行了历史性改制，宁波兴业电子铜带有限公司成立，企业进入规模化、专业化发展阶段。"多年来，一直担心政策"翻烧饼"的胡长源，最终彻底放下了心。

这一年，岑尧云手下的公司也在市场的巨大压力下，谋求企业转制。下半年，企业转制成功。转制后，更名为宁波人健药业有限公司（简称人健）。之所以取名"人健"，也在于岑尧云的心愿，那就是希望人民健康。这也是企业的创立宗旨。

金轮集团要稍微迟一点。1999年年底，经过宁波市人民政府批准，金轮集团成功转制。它的转制，也创下了慈溪的一个"第一"：首家集团型的股份制企业。陆汉振从中也看到了更大的希望，那就是为金轮集团建立规范化的现代企业制度、与国际市场接轨迈出了一大步。企业职工因此也成为企业改制的受益者，有6000多位职工直接或间接参股，成为金轮集团的股东，享受金轮集团的利益回报。额外要提一句的是，当年改造庙山村的 7000 万元中，就有 6000 万元来自金轮集团进行改制时主动给村里支付的转制款，此外，陆汉振还给村里留出了 12% 的集团股份。这样村里每年可以从集团得到 200 多万元的股份分红。

陆汉振在金轮集团会议上

从以上个案我们可以看出，慈溪的乡镇企业改制基本上在 20 世纪 90 年代末就完成了。陈式衡记得就很清楚，自己做了最后一任慈溪市乡镇企业局局长之后，乡镇企业局更名为中小企业局。在他看来，从当年的"四轮驱动"，到乡镇企业改制，慈溪一直走在了前列。尽管这一轮的改制阻力重重，但只要不适合生产力发展的，慈溪都会在党的领导下坚定信心、破除万难，力求有所改变。

第四部分 蝶变

李如成记得,当年身边有人说浙江搞私有化,还告到了中央。但是,邓小平同志南方谈话的精神,坚定了宁波市委、市政府改革的决心,1992年下半年起,宁波率先在全国进行乡镇企业产权制度改革。1993年6月25日,宁波雅戈尔(集团)股份有限公司成立,成为全国首家实行规范化股份制试点的乡镇企业。通过改革,企业建立起产权明晰、主体明确、权责分明、政企分开、具有自我约束力的产权制度。这一乡镇企业产权制度改革的成功案例,以及对企业发展的巨大激励作用,给慈溪乡镇企业家们也起到了重要的示范效应和带头作用。更重要的是,以股份合作制为主要内容的宁波乡镇企业产权制度改革,也为国有企业改制探明了方向。1997年12月,宁波市政府印发《宁波市国有、城镇集体企业产权制度改革若干政策指导意见(试行)》,要求进一步解放思想,转变观念,搞好国有、城镇集体企业改革。

某种意义上,这一国有企业改制,同样帮助了在社会主义市场经济条件下市属国有(集体)企业摆脱"吃大锅饭"、历史负担沉重、生产经营步履艰难、大面积亏损的窘境,按照"产权清晰、权责明确、政企分开、管理科学"的要求,加快建立了现代企业制度,实现了国有企业的战略性重组和国有经济的布局大调整。正是经过"壮士断腕"式的改革阵痛,宁波国企迸发出前所未有的活力,为宁波经济构筑起独一无二的制度竞争优势——可以说,我们的国企摸着乡镇企业"过了河"。这也是乡镇企业带来的又一功绩。

不过,改制后的乡镇企业很难再称乡镇企业了。2000年8月7日,浙江省人民政府办公厅印发《浙江省乡镇企业局(中小企业局)职能配置、内设机构和人员编制规定》,明文规定:"根据《中共中央、国务院关于浙江省人民政府机构改革方案的通知》(中委〔2000〕38号),浙江省乡镇企业局改为浙江省经济贸易委员会（按：2010年，和省信息产业厅合并成立省经济和信息化委员会，简称省经信委）管理的主管乡镇企业（中小企业）的副厅级行政机构，挂中小企业局牌子。"这也就是陈式衡当年所经历的。

这也意味着，乡镇企业在改制后就没有了政府作为自己的"娘家"，甚至有可能因为"抓大放小"而被孤零零地扔在了经济的大海里，所以难免恐慌、难免无助，甚至还有可能溺水，但是，当你积极地扑腾出更大的水花来，也许很快就能尝到"海阔凭鱼跃，天高任鸟飞"的滋味。这水花或是向"狼来了"中的"狼"——外资外企全面学习现代企业管理制度；或是提升技术含量，依赖科研走转型升级的路子——如果说以前的乡镇企业有意识地走技术路线求发展，那么今天的企业转型更需要科学的支撑和推进；又或是，抱定长期主义一条道走到黑……

传统产业"蝶变"

毋庸置疑，与日后投身新一代信息技术，包括智能机器人在内的高端装备制造、生物医药、新能源汽车等新兴产业的企业家相比，胡长源更像是一个传统型的企业家。因为他多年的纵横腾挪，做的都是"传统生意"——铜板带。很多不了解这一行业的人，总觉得它和煤炭工业、炼焦工业、建材工业、热力燃气工业、钢铁工业一样粗放笨重，靠卖"苦力"为生。这种印象一时很难摆脱。但是，兴业厘清了产权归属，加上胡长源多年来推行的独特的企业经营理念，让人看到了哪怕身在传统产业，也有无限的想象空间。

首先是在员工激励上，比以前更能"放开手脚"——毕竟可以自己说了算。从一线员工干到管理层的陈君杰因此就受益匪浅。他在这里拿到了两份股票。一份是胡长源多年前就推行的"模拟股票",还有一份是额外赠送的股票——公司因为某种原因曾在 1999 年 4 月前后遭遇到极大的困难,员工的工资一度只发了 60%,为了感谢他们的不离不弃,胡长源日后将这些欠下的工资,以 1∶13 全都转换成股票还给了员工。今天的兴业集团,将"员工幸福、客户感动、股东满意、社会认同"作为了企业发展的理念。

其次是在内部管理上,比以前更"细手细脚"——毕竟所有的担子得自己担。今天,很多人在回忆胡长源时,有两个印象,一个是表面上的善于变通的"无轨电车",另一个则是内心的极度理性。你很难想象,这个善于变通的企业家,率先在企业建立了党支部——陈君杰正是今天的支部书记,还成立了工会和妇联。他相信只有信仰才能凝聚人心,只有维护工人的权利才能稳定人心。除此之外,他的手边还常摆着一台计算器,用于计算各种成本。此后的兴业集团,还先后通过了一系列产品质量权威认证,让企业管理变得更规范。

再次是在人才储备上,比以前加倍重视——毕竟人才才是未来。多年来,除了在长三角一带积极和各地高校、研究机构开展合作之外,兴业集团还将目光投射到中南大学、江西理工大学、中国有研科技集团等机构身上,同时吸纳国外专业人才,以此丰富自身的人才储备。

更重要的是在产品的研制和迭代上,比以前更积极投入——毕竟产品好才是真的好。在这方面,兴业集团的转变得益于这个时代的科技发展。通过中国人自己的努力以及与世界的交流,中国的科技实力正逐渐成为企业发展过程中的"最大变量"。所以,我们可以一方面依赖逐渐发展的科技力量,充分发挥工匠精神,将产品做得更精致、更扎实,让产品结构更合理，另一方面，必须让自己的产品在符合市场需求的同时，契合国家的发展需要，让自己的命运和国家的命运同频共振。

兴业集团的发展无疑体现了这一点。刚开始的兴业集团只能做一些普通的黄铜带，随着企业的发展，兴业集团开始做一些普通青铜、紫铜和水箱带，到1993—1997年，已经可以研发一些高精度青铜带、高精度黄铜带。在迎来了历史性改制之后，兴业集团不仅进入了规模化、专业化发展阶段，而且，随着高精度白铜带（Bzn18-18、Bzn18-26）的推出和"863"项目的实施，使高、精、尖的产品结构更加合理。企业也因此顺其自然地进入了实质性的"二次创业"的推进阶段。

2004年前后，宁波兴业盛泰金属材料有限公司成立，兴业集团就此完成了对业务模式和产品结构的完善，产品也扩充了高精度电子引线框架铜带、高精度紫铜带，铍青铜以及锌白铜系列化产品。到2008年，兴业集团更是将产品扩充到了高弹、高强、高导铜带，高铜合金系列（银铜、锡铜、镁铜、磷铜等）、无氧铜系列、铜锡锌合金系列，以及造币带、海洋工程用铜合金等。

这种高精度铜板带可用于各个领域，像高精度电子铜板带，可用于分离元件、IC引线架材、LED照明、继电器、端子连接器、BGA基板散热材料及接插件等；高精度紫铜板带，可广泛应用于射频电缆带、变压器、继电器、高保真音箱线、接触器、变频器等；高精度高铜合金系列，可广泛应用于汽车水箱、散热片、电机整流子、继电器等；而高精度铜锡锌合金系列，主要应用于电器开关、弹簧、熔丝夹、端子、弹簧垫圈、电子接插件、冷凝器等，适用于制作船舶零件、冷凝器管板、挡风雨条用带材和薄板材等；高精度多元合金系列则主要应用于高电阻合热电偶合金、热交换器等，适用于海洋工业、热电站等结构材料及热交换器和耐蚀要求程度高的场景。

换句话说，尽管在很多人的印象中，铜板带依旧像个传统产业，但是它的转型升级，让它成为今天新兴产业发展中必不可少的一环。作为一类应用广泛的材料，铜板带应用领域包含了汽车、电子、通信、船舶、家电、航空航天等。

对兴业集团来说，新兴产业功成不必在我，功成必定有我。"兴业"的追求，不仅让其在多个战略性新兴领域形成自己的优势，使高端铜合金材料实现了从无到有，从弱到强，形成了替代进口的趋势，并在2008年进行了以打造国际一流企业为目标的二次转型升级。

今天，兴业集团的产品不仅出现在了诸多领域，甚至大国重器之中，而且还出现在了我们的日常生活当中。像第二代身份证中搭载的安全芯片，开发并完成了芯片原片框架的设计与生产的是厦门永红集团，而从框架连接到芯片的铜带，则由兴业集团主导的"超级集成电路引线框架材料"项目来实现。根据报道，此前，这种铜带超过80%靠进口。谁能想象，过去只是"全村人希望"的兴业集团，让全国人感到自豪。

同样，这也让人感叹，进入千禧年的中国社会，发展逐渐步入了正轨，改革开放下的社会主义市场经济也成了大家不可抛弃的信仰。以前靠着体力甚至是蛮力往前冲，哪怕只是比别人多那么一点的智慧，也总是有意想不到的成果，但现在不同了，企业家们必须拿出更多的真材实料。对已年过半百的胡长源是如此，对他的亲家、更年长一岁的陈成泗也同样如此。

防弹衣的"8年抗争"

1993年光荣地成为全国50名优秀火炬计划先进工作者之一，并没有让陈成泗停下自己的脚步。为了找回更多的"面子"，以及应对产业竞争，他又将目光投向了高科技纤维——高强·高模聚乙烯纤维，又称超高分子量聚乙烯纤维。

机缘来自1995年。根据报道，陈成泗在偶然中得知，为了圆满完成迎接香港回归的任务，解放军驻港部队必须配备国际一流装备，其中就包括以特种化纤为原料的更轻、更坚固的新型防弹衣。而这种防弹衣的原料正是高强·高模聚乙烯纤维。这种纤维在20世纪90年代只有荷兰DSM公司、美国霍尼韦尔公司和日本三井公司能生产，技术纳入西方巴黎统筹委员会管制范围，对中国进行生产技术封锁。陈成泗记得，当时的中国只有中国纺织大学有相关论文发表。这所日后改名为东华大学的纺织强校的化纤所，曾在1985年对该技术展开研究，也在实验室中取得了一定的成果。但是，考虑到军队这个庞大的市场，陈成泗很快就决定研发这种纤维。因为有着多次新产品开发经验，他一度认为这会很简单。这种自信，也支撑着他在一无现有设备、二无成熟技术、三无国产原料的背景之下，迈出了转型升级的步伐。当时的他，肯定没想到，从动手到最终市场化，他要足足花上8年时间。

陈成泗一开始选择和中国纺织大学合作。对方在合同中保证，在年底前拿出产品。但问题是，大学实验室的老师虽然科研水平高，却缺乏把科研成果转化为实用技术的经验。陈成泗在足足等待了2年时间，投入了600万元资金后，却没有得到自己想要的设备和工艺。而此时已经是1998年7月，早就错过了供应驻港部队装备的机会。更要命的是，新产品2年多没有研发成功,这让员工对公司的前景产生了怀疑,导致 500 人的公司骨干人员急速流失,一下子就走掉了 100 多人。屋漏偏逢连夜雨,银行看到公司的利润下降、资金周转不灵后,也开始向陈成泗追回贷款。不得不说,企业选择转制,意味着在金融业务当中,丧失了政府信用,而只有个人信用,这也让银行在看到问题时很难"发扬风格"。好在一位从印度尼西亚归国的专家给陈成泗提供了一些极为有用的信息,与此同时,慈溪当地的领导在听闻他的困境之后,认可产品的方向,再加上陈成泗多年积累下来的诚信在这时也发挥了效用,一个星期后,市长把陈成泗和三家银行行长以及财政局局长同时叫到了办公室。陈成泗分别从两家银行贷到了 500 万元和 300 万元。

那位从印度尼西亚归国的专家,就是全国人大华侨委员会副主任、国家高性能纤维首席专家罗益锋。

罗益锋于 1964 年毕业于北大化学系,1973 年起从事合纤和特纤的信息研究,1992 年起在北京化工集团经济技术信息研究所从事石化、化工、高科技纤维与复合材料等信息研究,多次参与制定国家高性能纤维等科技攻关计划,指导和评审攻关课题,为引进国外先进技术和设备牵线搭桥。也正是得益于他的指点,以及提供的一些信息资源,让陈成泗的研发在借鉴其他公司经验的同时,避开了对方的知识产权壁垒,进而重新调整设备和生产工艺。最终,在 3 年之后,陈成泗在 1999 年 9 月终获成功。同年 12 月,新产品在北京通过鉴定,申请并被授权了 4 项国家发明专利,2 项国家实用新型专利。直到今天,陈成泗都视罗益锋为自己的"创新贵人"。

高强・高模聚乙烯纤维项目的成功,和胡长源在铜带板上实现国产替换进口一样,填补了我国高性能纤维生产空白,打破西方发达国家技术垄断，使我国成为继美国、荷兰、日本后全世界第四个能生产高强·高模聚乙烯纤维的国家。这也让陈成泗的企业获得了一个特别的荣誉。2000年5月5日，在科技部、《人民日报》科教部和慈溪市科技局的共同策划下，陈成泗的大成化纤作为宁波市首家企业在北京人民大会堂召开了高科技成果汇报会——主席台背后的横幅上"宁波大成集团高科技成果汇报会"的字样，在各级领导、专家，以及《人民日报》《光明日报》等30多家全国主要新闻媒体面前特别醒目。毫无疑问，这个创立于1985年的企业，将"大成"作为公司的名字，也作为公司的奋斗目标。

行百里者半九十。高强·高模聚乙烯纤维虽然实现了成功投产，但市场却又向陈成泗展现了无情的一面。他以为错过了为驻港部队提供防弹衣的机遇，自己还有数百万现役军人和几十万武装警察背后巨大的装备市场。而且他还了解到公安部门也下达规定，每4名警力就需要配备1件防弹衣。但是，事实并非他所想象的那样，"首先是和平时期的部队并没有大量装备这种纤维防弹衣的财力和迫切需要。公安系统除了云南、广西等地外，其他地区也对装备防弹衣缺乏足够的急迫性。花费了5年时间，耗资近1400万元研发生产出的产品竟然销售无门，这是陈成泗当初没有预料到的。但是陈成泗又不能半途而废，只好转向国际市场。由于国际上公认的权威认证只有美国和德国的2家机构，出于打击竞争对手的考虑，美国方面的机构不愿意鉴定，到最后，还是德国给予了鉴定。虽然认证只花了3万美元，但前后却又耗费了一年时间。

在2002年，大成化纤经宁波市人民政府批准，改组为宁波大成。同年，一位以色列客户通过互联网了解到了宁波大成的产品，第一次就购买了50套防弹衣。这一年，大成集团总共卖出了500套防弹衣，虽然依旧入不敷出，但让人看到了无限希望。好事接二连三。谁也没想到，远隔千里的伊拉克战场，更是让企业实现"咸鱼翻身"，这是陈成泗至今依旧津津乐道的故事。2003年3月，30多名英军与100多名伊拉克武装分子相遇，在对方的自动步枪扫射下，有数名英军中弹，其中有3名穿的是大成防弹衣，三人中有一个人中了7发子弹，另一个中了8发子弹，但都没什么事，还有一人中了12发子弹，死于头部中弹，身上的防弹衣却没有损坏。也正是那位中了7弹的士兵在退役后创办了一个网站，说中国大成防弹衣救了他的命。这一下，市场就打开了。美国人、德国人和法国人都来了。结果，2004年，宁波大成一下子卖出了4万套防弹衣。到陈成泗在2005年接受《中国企业家》采访时，"销售订单已经有15万套，仅英国政府订单就有2万多套，总销售额2亿多元"。

这也让宁波大成在2004—2009年连续多年成为慈溪市纳税大户，为地方经济发展作出了较大贡献。而陈成泗在获得全国50名优秀火炬计划先进工作者这一荣誉之后，又于2005年荣获2004年度宁波市科学技术进步奖一等奖；2007年，他又被授予2006年度宁波市科技创新特别奖；2009年，他获得由国务院颁发的政府特殊津贴……

2009年更是陈成泗的高光之年，他在第四届中国企业发展自主创新论坛暨创新人物颁奖典礼上被评为"建国60周年创新人物"，同年又荣获国家科技进步二等奖。

这让人不得不感叹，当你心中有信仰，脚步有力量时，别人给你制造的麻烦，都是将你推向新一轮成功的动力。有时，人不被逼一下，根本不敢相信自己能走到什么样的高度。

陈成泗的经历还说明，只要我们坚持长期主义，并勇于在寂寞甚至无数质疑当中不断突破自我，总是比别人深一点、快一步，或者将自己擅长的事业做专、做透，也一定会像在八卦炉中熬过七七四十九天的孙大圣，获得更强的能力。

没有传统的产业，只有传统的思想

变得更强的，还有岑尧云。1998年改制后，人健开启了由单一品种向化学合成药进军的路程。首个开发的产品是起点较高的催眠药中间体氨基酮系列。新产品推出当年便获得了成功，畅销西欧、印度等国际市场。此后，他们又相继开发了10多个医药中间体。

还有马信阳。面对来自西方，以及中国台湾地区的竞争，马信阳一方面打宣传战、广告战，另一方面努力将产品进一步改良，保证其在价格上明显低于竞品的同时，在机械性能总体上还要不弱于竞品。这种在质量、价格、服务三方面同时冲击，也一举收获了出乎意料的好效果。当大陆针织厂装备的大圆机中，台湾产品占了总数80%以上时，台湾大圆机的大多数生产商却开始采用太阳实业的产品。

如果说岑尧云不断推陈出新，避免了依赖单一品种所造成的风险；马信阳不断改进设备，避免被竞品打败的危险；那么邹汉权则是通过把自己的事业做深、做精、做专、做透，让自己在产业"内卷"时代，从夹缝中实现突围。

如前所述，因为电镀业竞争激烈，邹汉权进入管业。但进入管业，邹汉权还没吃上几顿好饭，又面临着新一轮的竞争。尤其是那时中国从钢铁进口大国转变为钢铁出口大国，遭遇的贸易壁垒越来越多。2009年前后，钢管产品也是遭受西方反倾销最为频繁的一个产品。但这次邹汉权没有掉头就跑，而是在管业上继续深耕。

一方面是通过多方参展，以及利用电子商务，拓宽自己和世界之间的通道。邹汉权一度选择和阿里巴巴集团的"中国供应商"服务进行合作，推进出口，并将公司成功地转向开放型经济发展。

另一方面是仔细研究欧美反倾销政策的具体细则，逐条逐款地对照分析，发现对方对属于反倾销范围的产品规格有详细的代码，诚和管业完全可以对产品进行深一层加工，实现有效规避。某种意义上，这也将邹汉权推向了特种管业的"怀抱"。

所谓的特种管业，是相对于我们常见的生产水暖器材、洁具、厨具、装饰材料等产品的普通管业而言的一种细分行业。随着工业生产、建筑施工在家庭装修之外的领域全面铺开，我们的身边不断涌现出无数的码头，开发出无数座矿山，而化工制药、核电站等产业也发展得如火如荼，都催生了巨大的特种管业市场需求，邹汉权似乎看到了通向崭新未来的"新管道"。

这的确是一个有意思的市场。一方面它离常人比较远，服务的都是像石油、天然气、电力、核电、化工、航空航天这样的行业。另一方面，因为这些行业在某些方面具有特殊性，所以相应地，也对产品提出了高性能、耐蚀、耐压、耐温等方面的要求。换句话说，就是提供的产品需要有特殊的"能力"。

在邹汉权看来，这个行业很特殊，但也很专业。专业就意味着高门槛，有门槛就意味着不会再像以前那样鱼龙混杂。此外，专用管批量小，但种类多。批量小，大企业不太稀罕；种类多，实力差的企业又耗不了那精力，所以正适合他来做。

他说他是在"夹缝中找出了一条路"。某种意义上，这就叫差异化经营，是在做深做透的同时，让自己做出特色。

今天邹汉权的诚和管业，经过多年产品升级和技术研发，已转型为专业的金属硬性电气导管及配件制造商，产品主要包括热镀锌钢导管、铝导管、不锈钢导管、外包PVC层导管……都拥有本行业最权威的UL认证证书。此外，它还拥有自主设计、自动化程度较高的三条热镀锌钢导管生产线，一条铝导管生产线，一条不锈钢导管生产线，两条外包PVC导管生产线，可年生产各类金属导管及其配件1万多吨。

在邹汉权的客户当中，不乏世界最大的电气导管制造商阿莱德、电气品牌商通贝等知名企业的身影。其生产出的公司品牌Produit和Procoat在北美、南美和中东享有一定的市场知名度。尽管体量较小，但邹汉权在管业上也能拿下1500多万美金的年销售额，也算是"小而美"了。

邹汉权在办公室

第四部分 蝶变

不得不说，随着中国开放的大门推得越来越开，我们的企业不仅要在国内经受各种外资、外企的冲击，还要走向全球，和世界上的无数产品竞争。虽然我们在很长一段时间内还是具有一定的比较优势，可以打打价格战，但还是要在努力适应新规则的同时，为世界提供更好的产品。"MADE IN CHINA"（中国制造）可以管一时，"WISDOM IN CHINA"（中国智造）乃至"CREATE IN CHINA"（中国创造）才能管一世。

在我看来，比起胡长源、陈成泗以及岑尧云等人，邹汉权更能成为乡镇企业家在企业改制后如何走的一个典型，或者说代表。一方面，他们具有相似性，那就是热爱自己的事业，有着强烈的事业心和进取心，同时，多年的经营让他们相信专业主义，相信工匠精神，但在另一方面，邹汉权的企业规模相对更"小"。不是每个乡镇企业在改制后都能有胡长源、陈成泗以及岑尧云旗下企业的体量和风光。更多是像邹汉权这样，说大不大，说小不小，每天都在为下一日的生存而焦虑。但是他们可以通过"专精特新"来为自己赢得一线生机。所以，邹汉权能取得今天的成功，他的经验或许更具有启发意义。

但不管是向胡长源、陈成泗以及岑尧云靠拢也好，还是向邹汉权学习也罢，这些企业家都用亲身经历告诉我们，这个世界没有传统的产业，只有传统的思想、传统的管理和传统的应对。只要解放思想，开拓创新，我们也能在产业竞争的跑道上遥遥领先。当然，除此之外，要想在这一跑道上实现突围，还有一种方式，那就是变道超车。

第十章　独辟蹊径做"大文章"

"根据地＋新战场"

早在1991年前后，德国美名格－艾罗公司以恶意收购的方式，摧毁了马信阳与英国崔泊拉脱公司合作时，马信阳就想着开拓新蓝海、闯荡新天地了。

碰巧的是，当年崔泊拉脱公司所隶属的纽马克集团，正在进行一场豪赌：将公司的全部资源投入"低频远距离读卡技术"的研发。但是由于资金链断裂，它在冲击马拉松终点的关键时刻摔倒了。虽然前段合作不成，但仁义在。这次，它又试着向马信阳发出邀请，问能否一起合作把产品做出来。尽管出身于纺织领域，马信阳很难说自己了解电子产业，但是他身边有人懂行——因为忍受不了当年国企"一杯茶水一包烟，一张报纸看半天"的寡淡生活，而从上海柴油机厂跳槽的清华学子孙开华，帮他扛起了向全新领域进军的重任。无论是先期的立项评估，还是后期的市场经营，孙开华让马信阳感受到了人才就是生产力。而这一试，也试出了马信阳创业生涯中又一个不亚于输纱器的拳头产品。这种低频远距离读卡器属于高科技产品，在世界低频射频识别这个领域，它是识别速度最快、通信距离最远、存储容量最大的一款读卡器，可广泛应用于工业和民用电子自动化、仓储、物流、信息管理及门禁系统等领域。

1993年，马信阳成立宁波太阳微电子有限公司，开始联合纽马克集团生产电子读卡器。尽管此时国内楼宇还是老式的门锁，处在电子智能监控设备大规模启用的前夜，马信阳生产出的产品只能远销英伦，但他相信国内巨大的市场在等着自己。这也引起了新加坡伊达利公司的注意。最终，两者合资成立玺玛克公司，合作研发新一代的门禁系统。只是这次的合作有些"一言难尽"。合资期满以后，马信阳和孙开华转型成立了宁波博太科智能科技有限公司（简称博太科）。这一次，他们终于在新领域站稳了脚跟。

直到今天，马信阳依旧对孙开华在当年的加入念念不忘，感念一位清华学子看得上他这个乡镇企业出身的公司。他认为博太科起始虽然是由他投资创办的，"但孙开华对它有再造之功"。孙开华为企业在输纱器之外再添一件独门利器，使企业的发展从此有了"多引擎"推动——除了传统的纺织产业，也有安防控制等信息产业。

如果说传统的纺织产业是马信阳的根据地，那么，安防控制等信息产业是他的新战场。这种"根据地＋新战场"的战略，保证了马信阳既有立足之本，也能找到新的发展方向。

而对徐娣珍来说，她还需要用新战场上收获的"战利品"，来反哺根据地。

毫无疑问，那场突如其来的大病，让徐娣珍领悟了很多，也意识到做教育才是自己真正的使命。所以，她把以前赚到的钱都投入教育。事实也证明她的心血没有白费——慈吉幼儿园成了慈溪幼教界的一张金名片，她还先后创办了慈吉中学、慈吉小学。2008年，徐娣珍又联合慈溪中学创办了慈中书院。这所由慈溪中学与社会力量合办的民办普通高中，实行董事会领导下的校长负责制。由于既依托慈溪中学的管理和教育资源，又发挥了民办学校的体制和机制优势，所以慈中书院已然成为强强合作所产生的特色高中学府。

不过，也就在徐娣珍生病养病的那段日子里，国际金融危机开始在中国蔓延，很多企业又一次面临着洗牌。"别人在跑，如果我停下来，很快就会被淘汰。"创业给了她很强的忧患意识，让她不敢停止或放慢脚步。尽管此时的慈吉集团正如日中天，但是她在追求把教育做大做强的同时，也担心风浪的来袭。她急切需要一个强有力的组合，来支撑教育事业的发展。

创办奔驰4S店也因此成了徐娣珍新的战略行动。2009年6月，"浙江慈吉之星"奔驰4S店（简称慈吉之星）成立，并向周边发达县市不断拓展延伸。次年，余姚城市展厅建成开业；2013年7月，周巷城市展厅建成开业；2016年5月，宁海城市展厅建成开业。你很难想象，开业仅10年左右，慈吉之星就创下了奔驰轿车销售超过2万辆，售后维修服务进店车辆超过16万台（次）的优异业绩。

在奔驰公司华东区150多家经销商的年度考核中，慈吉之星还于2015—2017年连续三年名列首位，获得奖项最多。尤其是2018年3月下旬，在奔驰公司总部德国斯图加特全球经销商大会上，慈吉之星从中国550多家奔驰经销商中脱颖而出，获得奔驰"最佳经销商"的至高荣誉（全国仅9家奔驰经销商获此殊荣）。徐娣珍在"构建集团化奔驰经销网络"的同时，也力争将慈吉之星建设成"百年品牌"。换句话说，徐娣珍在根据地和新战场之间来回切换，做到了新老并举，并成功地实现了通过开辟新战场，来巩固根据地的目标。

这种战略也是陆汉振所擅长的。差不多就在马信阳的玺玛克公司存续期间，陆汉振也将风电产业写在了自己的名下。

"金轮集团之所以投资风电场，是因为风力资源是清洁的可再生资源，风电有可能成为世界未来最重要的替代能源，风电的商业价值也不可限量。"根据《慈溪日报》的报道，2006年11月18日，慈溪市第一个风力发电项目正式启动。"风电场一期工程位于水云浦至徐家浦十塘内侧滩涂上，东西长11000米，南北1200米，项目用地60.3亩，一期工程拟安装33台单机容量1500千瓦的风力发电机组，总装机容量4.95万千瓦，总投资约5亿元人民币，预计风电场年上网电量1亿度。"金轮集团正是这个风电场的主要投资者，"风电场开启了我市再生能源资源开发利用的新篇章，而金轮集团也找到了今后投资的新方向"。

从这里我们可以看出，乡镇企业的改制，以及民营经济的崛起，推动了企业的发展，也一并推动了产业结构的调整和产业的多元化。它们不再像过去那样只能做一些中低端产业，利用比较优势打打价格战；相反，可以乘着中国改革开放后大发展的东风，不断拓宽边界、调整赛道，努力实现由传统产业向新兴产业的平稳过渡。甚至，它们还可以成为某个领域的"代言人"。

不过，它们能走向成功，首先需要感谢改革开放，以及社会主义市场经济体制的成功建立。它们在促进了生产要素自由流通的同时，也持续扩大了市场规模，放大了人民需求。

其次，要相信科技才是第一生产力，传统的"敲敲打打"只能满足缓慢而又落后的农耕文明。以前技术可以让人领先一步，今天我们必须靠科创才能实现"中国智造"和"中国创造"。如果说以前是被逼而为，今天则是顺势而为。尤其是在市场壁垒被打破，而国际竞争加剧的情形下，没有科创等于拱手认输。

再次,尽管多元化和规模化是一个企业"避险"的内在冲动,而中国广阔市场也能满足不同或重复的需求,但是我们也得警惕掉进无序扩张的陷阱。无序的量变,很难带来质变。今天的我们,更需要质的提升。

最后,乡镇企业改制意味着政府不能像以前那样插手企业的经营,但这并不意味着民营经济的发展和它无关。不停息地创造优质的营商环境,是政府工作的重中之重。

这一点,从过去到今天,依旧一脉相承。

新兴"稀"望

邹林元在去包头前其实很犹豫,因为他不知道稀土行业是否会受到国家的管控。另外,他对包头的营商环境也一无所知。不过,他又转念一想,如果在那地方做稀土不成功,他还可以继续做阻燃材料,自己在这方面做了这么多年,已经驾轻就熟了,无非将经验从宁波拷贝过去而已。凭着宁波人的聪明能干,他不信做不好。一想到自己还有退路,邹林元多少宽了心。

我们不能把所有的企业家都想象成一个孤胆英雄,想做什么就毫无顾忌地向前冲。每家企业背后都是无数员工期望的眼睛。企业家真正需要具备的,不仅是勇敢,还有理性。就像胡长源手边常备一台计算器,思考每一步的"性价比"。

当然,邹林元也不打无准备之战。他的儿子邹宁曾为此跑过一趟包头,切实了解到当地的稀土产业很发达,其出产的稀土矿中,不仅钕铁硼磁性材料(目前发现磁性性能最高的永磁材料)含量高,其他稀土原料也十分丰富。更重要的是，此时慈溪已有做钕铁硼磁性材料的企业，且经营得相当不错。甚至，邹宁还发现浙东一带的钕铁硼磁性材料生产企业占到了全国的一半左右，这些企业需要大量的稀土原料。这也让他不由得设想，如果在包头建立稀土原料基地，那无疑将掌握原料的源头，成为整个稀土产业链中不可或缺且至关重要的一环。

给父子俩加了把劲的，还有慈溪当地的领导。当时邹林元去市内咨询，接待他的分管工业的副市长很热情，主动召集一批人包括专家进行可行性论证。专家也提出了相似的顾虑，如果他们转型做稀土，就像把所有鸡蛋搬到另外一个筐，原先的筐又该怎么办？邹林元把自己的想法跟他们作了解释，领导斩钉截铁地说，可以去尝试。事实证明，这样的决定很英明，也很正确。因为几年后，国家就发文，开始对民营企业进入稀土产业加以限制，他抢了一个早。

邹林元在内蒙古包头工地视察

第四部分 蝶变

多年后，当邹林元回忆自己和儿子邹宁一起选择到内蒙古创业，还是对老家充满感激。因为老家不仅给了政策支持，而且连创业的资金都是老家银行给贷的款……这一切都让邹林元充满力量。

尽管包头在稀土资源上很有优势，但是在新的地方开展新的事业，起步同样困难重重。邹林元回忆当年，依旧十分感慨。比如他礼拜天出去买一个部件，却发现很多商店都关着门——大家或是在休息，或是根本就没有在周末挣钱的概念，和宁波很不一样。更让人受不了的是，运输原料或物资，个别当地人会用竹竿拦路索要过路费……有领导也对他们的到来充满了敌意：赚钱是你们的，污染是我们的。为此对方还找来电视台曝光他们的环保问题。但这也不能说人家不对。这也让他意识到，如果环保搞不好，不能生存。要想生存，必须搞好环保！

为此，邹林元不惜投入，按照国家环保标准建设企业，树立企业形象。"稀土精矿目前生产最常采用的分解处理工艺是浓硫酸焙烧法，它具有适用性强、杂质易分离、生产成本低等优点。"邹宁日后接受采访说，但它也始终"存在着含氟硫的酸性尾气严重污染大气和吸收废水不达标的问题"。

也正是从2001年开始，父子二人开始组织攻关小组，经过多年努力，终于在2007年10月成功突破这一困扰稀土业发展的瓶颈，并成功申报专利，发明了能对硫酸焙烧产生的尾气进行净化，并充分回收利用有用元素的新治污生产线。经有关部门检测，尾气中硫酸雾和二氧化硫的净化效率达到99.91%，氟化物的净化效率达到99.992%，远低于国家排放标准，同时有用元素得到回收利用，提高了企业的社会效益和经济效益。凭借着宁波人的精明，以及体制的灵活，他们在包头市异军突起，在收入和环保等方面远超他人，甚至连当地的巨无霸——包钢集团也和他们建立了很好的关系，不仅采用他们的产品，而且还请他们的中层领导干部去做讲座。让邹林元觉得无比自豪的是，曾有科技部门对他们在环保上的努力给予了极高的评价。

2003年，邹林元在包头的企业，稳稳地占据了包头稀土生产的一席之地。到2005年，企业年生产能力已达3万吨混合碳酸稀土。

某种意义上，换道超车，让邹林元在稀土产业上收获了事业的新一轮日出。但更重要的是，这让他更加深刻地认识到了稀土之于国家的重要意义。作为国家的战略物资，稀土的用途十分广泛。在一些传统产品中加入适量的稀土，就会产生许多神奇的效果。它还可以广泛应用于冶金、石油、化工、轻纺、医药、农业等数十个行业。尤其是像钕铁硼磁性材料这种永磁材料，可应用于新能源汽车及汽车零部件、风力发电、节能家电、消费电子、无线通信、轨道交通及航空航天等领域。像添加了稀土永磁材料的直驱永磁风力发电机就有转速低、效率高、磁场结合力强、低电压穿越性能稳定、结构简单、后期运行维护成本低等诸多优势。

此外，工业机器人也是稀土的一大应用领域。像中国某企业研发成功的小巧的稀土永磁伺服电机，应用在工业机器人上，可以替代进口伺服电机。

所以，对这片土地上出产的"宝贝"，一方面，要让它的价值最大化，另一方面，也要让它的价格最优化。不能将稀土卖出了"土"的价格。换句话说，就是不能恶性竞争，竞相压价，使得这种宝贵的资源被浪费。

在邹林元看来，这个名字叫"稀"土的宝贵资源，其实真的很稀有。哪怕这世间真正认识它的人不算多，他也不能错过它。

不得不说，邹林元就像一位"孤勇者"，虽千万人吾往矣。相对"根据地＋新战场"的战略，邹林元对新战场的全情投入，也为他的创业之路平添了无数的风险，但是，命运往往会在我们作出选择的时候就暗设了奖赏，只等那一天的到来。

循环亦是经济

史汉祥所切换的赛道，同行者也不是太多。当大多数人还沉浸在梦乡之中时，他已经奋力地奔跑在希望的田野上。不过，他也因此更多地体验到这个世界正在经历的悲伤：周边的树木、花草并不会因为凌晨露珠的滋润，而变得神采奕奕；逐渐明亮的天空，也很难找到那丝蔚蓝的颜色。

他清楚地知道，这都和身边的环境污染有关。此前他做铜冶炼，尽管很辛苦，甚至眼睛都差点给废了，但是他一手治理下的宁波东方铜业总公司发展很快，规模也迅速扩张。到1999年，粗铜产能已达到5万吨。骄傲之余，污染也如影随形。尽管他很努力地解决冶炼中的各种问题，比如通过降低炉渣的金属含量来提升效益，但是总有些问题避免不了，那就是铜冶炼所产生的二氧化硫烟气浓度达到2万多毫克/立方米（钢铁和电力所排放的二氧化硫烟气浓度才3000毫克/立方米左右）。当时，国内还没有企业针对如此高浓度的二氧化硫烟气采取脱硫手段来净化。

更要紧的是，随着"村村点火、户户冒烟"，史汉祥身边先后冒出了上百家有色金属冶炼企业，这带来的结果是，每天浓烟滚滚，臭气刺鼻。

平时喜欢阅读和思考的史汉祥也在资料上看过几次触目惊心的污染事件。1952年冬天发生在伦敦的严重烟雾污染，导致民众白天开车也要打开车灯才能行驶。这一事件直接造成的死亡人数达4000人，此后的两个月内，伦敦又有近8000人死于呼吸系统疾病。

而在此之前的 1930 年 12 月，整个比利时也被大雾笼罩，经久不散。上千人发生呼吸道疾病，一个星期内就有 60 多人死亡，许多家畜也纷纷中招——此事成为 20 世纪最早被记录下的大气污染惨案。当时比利时的工业发展迅速，在今天的马斯河谷，建立了无数炼油厂、金属冶炼厂、玻璃厂和炼锌厂，还有电力、硫酸、化肥厂及石灰窑炉。而马斯河谷是比利时境内马斯河旁一段长达 24 千米的河谷地段，它的中部低洼，两侧有百米的高山对峙，所以工业区排放的大量烟雾，在冬天的环境下弥漫在河谷上空无法扩散，最后越积越多。

在很长一段时间中，发展和环保似乎是一对反义词，要发展，不要环保，成了很多人心照不宣的选择。就像吃不上饭时，谁也顾及不了这饭是挣来的，还是讨来的。这也成了中国乡镇企业发展过程中常常伴随的一个弊病，或者说，不经意间就种下的病根。如果说在工业化时代，人类铆着劲向前冲，那么，到了后工业化时代，面对这铺天盖地的工业污染，我们又该怎么办？如果解决不了这些污染，我们发展工业的目的又是什么？我们总不能再像西方国家那样，过度消耗资源发展经济，造成严重的污染，再用发展经济的钱来治理环境。这是得不偿失的，在史汉祥看来，也叫"斩了猫尾巴喂猫"，是以伤害猫的代价来喂猫。

值得庆幸的是，邹林元在发展的过程中意识到了这个问题。他选择一边发展一边解决问题，甚至是等解决了问题再发展。史汉祥也一样。为此，他前后投入 5000 多万元，采用了现在仍在普遍使用的十多种脱硫工艺技术，但是均达不到预期效果。他曾总结之前所有工艺、技术的弊病：脱硫系统腐蚀，堵塞严重；运行成本高昂；脱硫副产物无法被综合利用；脱硫效率低……这些核心问题不解决，就根本没办法应对现在的污染局面。好在，他这个热爱毛主席，并对毛主席的文章、传记、研究爱不释手的企业家，在毛主席的唯物辩证法思想中，找到了自己的方向。以前我们常常把那些堆积如山的工业废渣当成是废物，但通过学习毛主席的唯物辩证法思想，他意识到世界上的所有物质都可以是一种资源。"所谓的废物，只是还没有找到合适用途的资源而已。既然世间万物都是相互联系的，那么能有二氧化硫，肯定就会有二氧化硫的相克之物；既然脱硫后能产生如此大量的固体废渣，那么，肯定也能找到这些固体废渣的克星。"所以，他要努力给这些废物"正名"。只是，他也没想到，自己做着做着，却把环保这个"副业"做成了自己人生的主业。

这和他当年的一次发现有很大关系。根据《光明日报》在2006年3月1日的报道，1993年，史汉祥与北京矿冶研究总院合作，成立了科研攻关组，开始攻克二氧化硫脱硫技术和脱硫设备的国产化研究。最终，和陈成泗在防弹衣领域的"8年抗争"一样，史汉祥也历时8年，最终成功研究出"DS-二氧化硫烟气治理技术"，并在2003年通过国家级鉴定。该技术的主体设备"DS-多相反应器"，是利用工业废渣作为吸附剂，进行高效脱硫，并将吸收了二氧化硫后的废渣制肥。对这种不在农家肥与化肥谱系中的富硫之肥，史汉祥习惯称它为"本肥"，浙江省农业厅则将它正式命名为"硫硅配方肥"——可以用来改造不易种植的盐碱地。相比之下，日本、美国等发达国家大都采用石灰石-石膏湿法脱硫。其弊端是，石灰石吸附二氧化硫后产生的脱硫石膏成为固体废物，如果不能有效进行填埋和再次使用，只能占用大量土地进行堆放并产生严重的二次污染。

《光明日报》称："专家鉴定认为，这项技术为国内首创，处于国际先进水平，成果不仅为工业锅炉燃煤烟气污染综合治理找到了一种简单、经济、有效的方法，而且为我国二氧化硫污染治理开辟了一条符合国情的新路，打破了该领域国外技术垄断的局面。这项原创的具有自主知识产权的成果包含6项国家专利、2项实用新型专利，被国家环保总局评定为国家重点环境保护实用技术。"《光明日报》还说："由这项成果引申开来的效益，连史汉祥都始料不及。"因为当时我国工业废渣每年达12亿吨，成为沉重的环境负担，但是，随着"DS-二氧化硫烟气治理技术"的推出，可以应用于所有产生二氧化硫污染的行业，以及电厂烟气、炼铁烧结烟气、有色冶炼烟气与其他行业烟气的治理。同时，它让废炉渣、高炉水淬渣、电石渣、火电厂的粉煤灰都成了有用的资源：或被加工成土壤改良剂用于大面积改良盐碱沙荒地，或用作建材原料，为水泥等行业提供大量廉价优质的原料。经技术估算，如大面积推广应用该技术，每年脱硫产物可改良盐碱地960万亩左右，新增粮食300万吨以上。这对于改变我国耕地盐碱化和次生盐渍化造成的耕地资源短缺状况，保障国家粮食安全和环境安全具有积极的作用。

为此，在2004年，太极环保正式成立，史汉祥正式走上了"向环保求发展"的赛道。用"太极"作为新公司的名字，可以看出史汉祥的哲学理念，那就是万事万物都是阴与阳的对立统一。他希望这个世界能阴阳调和，或者说，平衡。当年，太极环保在参加闸洞口电厂脱硫项目招标时，便首次提出了全新的"以废治废"的脱硫技术，建议以粉煤灰、钢渣等固废来吸收二氧化硫，替代当时国内流行的石膏法脱硫。

在今天太极环保的大楼里，我们从楼梯旁的墙面上所张贴的宣传画中，可以看到公司多年来所积攒的许多危废行业烟气治理的优秀案例，比如在内蒙古河套地区某焦化企业采用钢渣替代石灰石作为脱硫剂，不仅解决了钢渣综合利用的问题，也节约了石灰石资源，保护了生态。关键是钢渣是固废，和石灰石价格悬殊，脱硫直接成本降低三分之一，企业很有动力。除此之外，脱硫后的副产物可以作为绿色建材原料或作为土壤改良剂用于盐碱沙荒地改造，彻底形成了循环经济产业链。

再如郴州丰越环保科技有限公司氧化锌系统烟气脱硫项目。项目改造前，其烟气排放量为8000立方米/时（工况），烟气温度为60℃，二氧化硫浓度为7000毫克/标准立方米。当时该企业用的是动力波加液碱脱硫，脱硫剂使用量为16吨/天（液碱），其中液碱单价为1500元/吨，这意味着仅脱硫剂就需24000元/天，成本可谓巨大。但是经过太极环保的改造，二氧化硫浓度降至35毫克/标准立方米以下，而脱硫剂使用量为8吨/天（石灰石粉），石灰石粉单价则为160元/吨，换算成一天只需要花1280元。而最后获得的脱硫石膏含水量≤15%，可达到建材行业二级标准，被运送到水泥厂作为缓凝剂，每天还可以产生收益1000至2000元。这不能不让人喜出望外，"烧钱"的环保到最后竟然能变成"挣钱"的环保。

宁波本地也有一家大型化纤厂，过去被人称为"双高"（经济效益高与污染成本高），就是因为它的聚合车间有5台燃煤锅炉，每天排放出大量工业有害烟气。后来，得益于史汉祥的治理，经市环保部门6次监测，脱硫率达到了98%以上，设备出口烟尘的浓度控制在17.7毫克/标准立方米，达到了国际水平。同时，二氧化碳和氮氧化物脱除率分别为81.85%与71.2%。

但对史汉祥来说，治理污染只属于"入门"，更重要的还在于工业废渣的处置，也就是改造盐碱地。他的第一次实践，正是在自己的家乡——慈溪的庵东镇江南村。作为向海要地的"产物"，慈溪的很多土地在很长时间内只能刮盐和种棉。如果这样的改造能成功，对慈溪的农业来说无疑是天大的喜事。他的实验地正是一块10亩左右的盐碱地，夏天地上是一层层白花花的海盐，冬天则是一簇簇白花花的芦苇。他用拖拉机翻耕后，拉来了自己的本肥，再以适当比例加入土壤中——尽管当地的老百姓对此都难以置信，但是，几个月之后，原本钾、钠成分相当高的盐碱地吐出了新绿。到今天，这块盐碱地更是彻底改良，长出了龙柏球、夹竹桃、木槿等植物，已是满地苍翠。

某种意义上，从土里挖矿到冶炼脱硫，从脱硫到废渣，从废渣到本肥，再从本肥到盐碱地改造，并生长出植物和作物……这中间任何一个环节出了问题，或者没有做到位，都会出现各种弊端，但史汉祥通过技术构建了一个完美的闭环。不仅解决了实际问题，也让人类在使用自然资源后，以新的资源形式返还给大自然，从而做到了索取与回馈之间的平衡。这也在日后被史汉祥视作"循环经济"——就像水一样，从蒸发到凝结成雨再到汇聚于地表，每个步骤都为人类带来了不可磨灭的价值。

对史汉祥来说，自己这个赛道不仅换得及时，也换得有意义，不仅让自己找到了可靠的立足之本，更为这个世界找到了可持续发展的技术支撑。他要坚持跑下去，哪怕世界报他以粗粝，他也要报世界以温柔。

第五部分　承启

第十一章　向更广阔的天地去

定神、鼓舞、指向……

2003年突然暴发的非典疫情，将大家的心情给拉入了谷底。不过，在灰暗的底色中，也曾涌现出无数的亮点，轻轻拂去了在这个年份上的翳尘。

除了来自抗疫战线的动人故事，2003年还通过了《中共中央关于完善社会主义市场经济体制若干问题的决定》，神舟五号载人飞船成功升空并安全着陆……还有就是，宁波杭州湾跨海大桥奠基。这是决定慈溪乃至整个宁波未来发展的重大事件。这座线路全长36千米，双向六车道，设计时速100千米，设计使用寿命100年以上的大桥，北起浙江嘉兴海盐郑家埭，南至宁波慈溪水路湾，将以前被杭州湾给隔开的南北两岸连接在一起。大桥建成后从慈溪到上海，不再需要坐船穿过风急浪高的杭州湾，或者陆上绕道杭州，能节省数个小时。值得注意的是，浙江民营资本大量投入，占大桥建设资本的50%，为国家级大项目提供了一个崭新样本。

也正是在这一年，中共浙江省委举行第十一届四次全体（扩大）会议，提出了面向未来发展的八项举措，即进一步发挥八个方面的优势、推进八个方面的举措,亦即我们今天耳熟能详的"八八战略"。尽管"八八战略"是一个省域层面的战略,但时任领导具有世界眼光和战略思维,具有总揽全局的能力,放眼全局谋一域,把握形势谋大事。相应地,尽管"八八战略"具有总揽全局的能力,但亦可以落脚于一域的具体实践上,比如对民营经济的发展,起到了总结和前瞻作用。在时间维度上,它也如同一座巨大的跨海大桥,一头连接过去崛起的乡镇企业,一头连接当下正在勃发的民营经济,既回望过去,更启示未来。

"八八战略"的提出促进了乡镇企业和民营经济的发展,并对它们的继续发展给予了正确的指引。它鼓舞着企业家们像过去前往江浙沪各大工厂拜访、参观、学习,甚至邀请"星期日工程师"传经授课,"进一步发挥浙江的区域优势,主动接轨上海,积极参与长江三角洲地区合作与交流,不断提高对内对外开放水平"。这种交流和合作,随着交通和信息交流的便捷,以及产业链的延伸和链接,将会变得更加频繁,更具深度。但与此同时,我们也得谨记,这种交流和合作必须努力"跳出慈溪发展慈溪""跳出浙江发展浙江",这样才能让企业得以从更大的空间中整合资源,推进区域协调发展,在为自身发展打开新空间的同时,培育参与国际竞争与合作的新优势。

"八八战略"鼓舞着企业家们像过去不断在产业上实现多元化,并成片发展,"进一步发挥浙江的块状特色产业优势,加快先进制造业基地建设,走新型工业化道路"。某种意义上,浙江"地瓜经济"的发展,尽管能一时填饱肚皮,但"地瓜"吃多了也会影响胃口,所以必须提升产品的质量,以及产品的科技含量。"八八战略"会激励更多企业家们从自发走向自觉,把科创当成发自内心的信仰,并在强调新旧动能转换、高质量发展的今天,积极应对这百年未有之大变局。

"八八战略"鼓舞着企业家们像过去通过政府联动、市场拉动、产业带动,以工业化推动城镇化那样,"进一步发挥浙江的城乡协调发展优势,加快推进城乡一体化"。将城乡作为一个整体来统筹谋划,构建了以工促农、以城带乡、工农互惠、城乡一体的整体发展新格局,让以前触目可见的城乡差距逐渐缩小……

"八八战略"鼓舞着企业家们像过去在发展经济的同时,也关注社会效益,"进一步发挥浙江的生态优势,创建生态省,打造'绿色浙江'"。毋庸讳言,浙江的发展曾长期受限于"七山两水一分田"的天然劣势,当然,这也逼出了改革开放后的"温州模式""苏南模式",逼出了宗汉乃至慈溪的工业化。但是,在"绿水青山就是金山银山"的今天,良好的生态环境已经成为浙江高质量发展的优势所在、动力所在、后劲所在。生态优势正源源不断地转化为经济社会发展优势。

"八八战略"还鼓舞着企业家们像过去面海而生,冒险、奋进、创新,并积极推进海洋文明的建设那样,"进一步发挥浙江的山海资源优势,大力发展海洋经济,推动欠发达地区跨越式发展,努力使海洋经济和欠发达地区的发展成为浙江经济新的增长点"。对拥有大量海洋资源的慈溪来说,海洋无疑是"聚宝盆"。此前,山和海的资源禀赋差异往往被认为是山海差距的主要原因,但"八八战略"提供了辩证看待山海资源禀赋的视角,通过"山海协作",让山海在相互交流当中,完成优势互补,解决发展中的不平衡。

当然,宗汉乃至慈溪的发展,离不开当地相对开明的营商环境,以及与之相关的移民文化、围垦文化、慈孝文化以及青瓷文化。"八八战略"还对整个浙江的营商环境和人文建设提出了切实的要求和殷切的希望,比如"进一步发挥浙江的环境优势,积极推进以'五大百亿'工程为主要内容的重点建设,切实加强法治建设、信用建设和机关效能建设",以及"进一步发挥浙江的人文优势,积极推进科教兴省、人才强省,加快建设文化大省"。

无疑,这八条战略,给了很多人底气和信心,让他们坚信走改革开放和转型升级的路径是对的,哪怕很多付出还没获得回报,美好的未来也一定会在不远的地方等着自己。但与此同时,它也让很多人清楚了自己的短板,厘清了自己的思路,接下来,以凤凰涅槃、浴火重生的勇气,推动企业继续向上发展,一并推动整个社会从当年的粗放型、规模化增长迈向高质量发展。

绿色发展才是真正的高质量发展

对史汉祥来说,"八八战略"无疑是自己的福音。一方面,它印证了自己此前的转型和坚持是对的,另一方面,它在创建生态省、打造绿色经济上的论述,也为自己铺出了前行的道路,让自己遇到的困难"迎刃而解"。

他的技术帮助无数地方完成了有效的污染治理和盐碱地的改造,与此同时,他在循环经济模式上的持续创新和完善,也推动了太极环保核心装备技术第一代"DS多相反应器-I"从首创"高分子脱硫塔"到自主研发第二代"全方位滚塑DS-多相反应器-II",再到新一代"塑料挤板复合成型工艺改进型DS-多相反应器-III"及"大型全塑卷板脱硫塔"的"三级跳"——这似乎也意味着他在未来能抢占到更多的市场,得到更多人的认可。但现实却让他有些失望。

《人民文学》的报道生动地描述出史汉祥当年所遇到的窘境。"无论

第五部分　承启

是环保的管理者、倡导者，还是执法者，或是环保技术的发明者和生产者，尽管全社会对他们都寄予着很大的期望，期待他们能'重新收拾旧山河'，还中国洁净的天空、河流与大地。但是，在排污企业与政府之间、在发展经济与环境保护之间、在现实需要与科学发展的博弈中，他们都深感势单力薄，无力回天，常常只能'拔剑四顾心茫然'。"他们中间就包括史汉祥，为了推广这项于国于民都有益的环保技术，他北上南下，东奔西跑。但是，他遇到的却是一张张冷脸，收获的也总是两手空空。在北京，他感受到一个行业是一座山，一个部门是一条河，山山水水，沟壑纵横。倒是离北京一步之遥、有着大片盐碱地的天津，最终给了他一次机会。但他也只是得到了天津大港海洋石化工业园区的一块5亩的盐碱地用于实验。对方没有本肥，他从慈溪特地拉过来，"这个钱花得有些冤枉，但是值，种下了小麦，当年就有了收成"。这吸引了无数人拍手叫好，但一听说要彻底改造这里的盐碱地，得先在盐碱地滩涂边建成一道屏障，隔断海水的侵入；其次排掉盐碱，然后耕作，撒上本肥——前前后后，都需要投入。结果，管理者们都面有难色。不管出于什么原因，反正天津是对他关上了大门。史汉祥失败了，偌大的天津，他最终的环保领域只有区区5亩地。

随着北京首钢迁至河北曹妃甸，史汉祥又将目光投向了唐山。这个有新首钢、火电厂以及盐碱地的地方，似乎正是他环保技术最佳的落地城市。然而，他和企业一家一家地谈，得到的回复是："我们没有承担治理盐碱地的责任，那是政府部门的事。工业废渣你们拉走吧，一分钱都不要，免费。"但要购买史汉祥的脱硫技术，企业的老总都不乐意，因为已经安装了价格不菲的环保设备，虽然脱硫率也不高，但要重新更换设备又是一笔开支，不合算。跟政府部门洽谈吧，政府领导都很现实，也有苦衷：治理盐碱地是政府的职责，可是没有这么多环保费用，而企业做什么不做什么，政府不能过多干涉。到最后，只有首钢接纳了史汉祥，在曹妃甸的办公区域，给了他两块盐碱地。当然也有限制，一切都由史汉祥买单。为了能有一个很好的宣传样板，史汉祥痛快地答应了。尽管摆在他面前的自然条件更是苛刻：这块土地建立在人工滩涂上，是由人工吹沙造田而成，土壤含沙量在 90% 左右，沙土又含盐碱性。要在这样的土地上进行绿化，无疑是"手掌上煎鱼"。即使如此，在做过土壤分析之后，史汉祥还是从慈溪通过海路拉来了大量的本肥，对土壤进行了改造，并种下了一片绿草。他说："这两块示范区获得了成功，绿草茵茵，如一块地毯，从办公楼延伸出来。那个绿啊，让所有人都眼睛一亮。"

史汉祥改造盐碱地

日后，史汉祥曾对自己遭遇困境的原因进行过具体分析。一是环境意识与企业家本人的素养有关。缺失素养和基本责任感的企业家，往往会对环境的破坏没有同理心，同样也不会在环保上加大投入。二是企业面对五花八门的环保技术，缺乏综合分析与判断的能力，没有能力认定各类脱硫技术的好坏，无法有效地进行经济成本核算，企业管理层对循环经济对企业发展的积极作用缺乏基本的了解，这些都是专业人才缺乏造成的问题。三是行业与管理部门的局限性及人为干扰因素的存在，从不同程度上影响着政府与企业高层的最后决策。尤其是政府职能部门之间的条块分割，让拥有好技术好方式的自己无法找到发挥的平台。比如，工业污染的治理属于环保部门，盐碱地治理属于国土资源部门，脱硫完成了，环保部门就尽责了，至于将脱硫后的废渣制成硫硅配方肥，这不是环保部门的事，而是国土资源部门的事。对应用脱硫技术的工业企业来说，完成脱硫就达到了目的。所以，如何打破行政之间的壁垒，对环保产业的发展至关重要。在2009年8月这期《人民文学》的报道中，用了这样的小标题——"史汉祥攻克'三大环保难题'后的难题"。对于史汉祥本人来说，攻克"三大环保难题"值得高兴，但是攻克不了最后一个"难题"，也许所有的努力都会前功尽弃。

但让史汉祥庆幸的是，"八八战略"的推出，以及随后数年如一日的落地与坚守，既改变了这个国家，也让史汉祥的太极环保在度过了市场推广的"阵痛"之后，从2013年开始，呈现爆发式发展态势，其技术不仅进入全国钢铁、电力、石化、水泥等行业，业务也涉及河北、山东、内蒙古、湖南等全国10余个省、自治区、直辖市，以及越南、塔吉克斯坦等国。

2014年，内蒙古包钢庆华煤化工有限公司（简称包钢）3台循环流化床锅炉采用了太极环保的钢渣法脱硫及副产物综合利用技术和装备，也促成了史汉祥和邹林元等人"殊途同归"，在内蒙古"会师"。对他们来说，内蒙古不仅拥有着丰富的资源，也因为其特殊的地理以及人为活动所造成的植被退化、沙荒地增多，对环保有着特殊的要求。史汉祥和包钢的合作，不仅帮助内蒙古解决当地工业经济的环境治理问题，而且还可以利用脱硫副产物对沙荒地改造，帮助当地在重新种上牧草之后，带动牧民增产增收，并带动其他产业的发展。

这也无疑印证了史汉祥常说的一句话：只有夕阳的产品，没有夕阳的产业。他相信经过多年的发展，太极环保如今赶上了人们对环境保护的认识有了根本性转变的时候，与此同时，环保产业正随着中国经济转型升级而迎来持续更新换代的好时光。

同时，史汉祥还相信生命科学和循环经济有相似之处，都要讲究阴阳平衡。所以，2020年，他创办了浙江汉祥科学研究院有限公司，顺应国内外环境生物科技发展趋势，以建设健康中国、美丽中国为方向，以中医药技术市场化、循环经济技术产业化为核心，坚持走高质量、现代化、多领域、产业化的综合发展之路。

史汉祥相信，属于自己的好日子，终究是要来了。

坚持新型工业化道路

相比史汉祥的好运，邹林元的发展却遇到了政策的坎。如果说"十五"规划当中，还是积极发展稀土深加工产品，到"十一五"规划中，就变成了"加强稀土和钨锡锑资源保护，推动稀土在高技术产业的应用"。2015年10月，工业和信息化部办公厅发布《关于整顿以"资源综合利用"为名加工稀土矿产品违法违规行为的通知》，此后关于支持、规范稀土行业的发展政策更是频频见诸报端。邹林元在包头的企业，最终被包钢并购。好在，他并没有彻底放弃自己在这一行业积累的优势。他提议包钢与自己合资在慈溪建一个厂。邹林元父子的信誉，让这个提议很快得到落实。2009年，一家名为包钢展昊新材料有限公司的企业，在慈溪挂牌成立。尽管公司为包钢控股，但是老家有这么一个厂，就是他最大的心愿。毕竟，这不仅为老家创造了税收，还可以解决就业问题。

更重要的是，"八八战略"中给出的"走新型工业化道路"的指示，让邹林元也坚信，做好稀土产业，一定会有未来。尽管这条新换的赛道受到了限制，让邹林元只能在政策允许的范围内做事情，但新兴产业的势能，还是让人欲罢不能。此外，做不大规模，还可以做"专精特新"。

对这家合资的企业，邹林元其实还有更进一步的打算，那就是围绕着这个厂，在深加工领域再进行布局。2013年12月，主营稀土铈永磁材料、稀土镝铁、钆铁合金等稀土永磁材料的制造、销售和研发的慈溪铄腾新材料有限公司横空出世。它和宁波展杰磁性材料有限公司一起构成了宁波复能新材料有限公司（后更名为"宁波复能稀土新材料股份有限公司"）。在我看来，这个名字"一语双关"，一是能源的数量级的复合递加，二是宁波加包头、国企加民营的联合，让企业的能量辐射更广，力度更大。"公司利用稀土金属铈替代稀土金属镨钕制成永磁材料，同属于稀土永磁材料，具有相同的磁性能；铈磁体产品性能与钕铁硼产品性能相媲美，可以大部分替代钕铁硼材料；由于稀土铈储量丰富，且成本价格低，金属铈价格只有镨钕的十分之一，有着明显的成本优势与优良的磁性能以及耐腐蚀加工等特性，可满足高速铁路、新能源汽车、风力发电、节能环保、医疗设备、电声、石化、冶金、轻工业、环保、农业等领域的应用。"公司的介绍中，还提及其与中国钢铁研究总院李卫院士团队共同研发，应用当前世界上最先进的制备技术与工艺，采用双主相合金的制备方法与科学的粉末冶金工艺，生产出了高性能、低成本的永磁体材料，"成为市场的一个新品种，成为企业持续增长的一个技术体系和产业链体系"。

邹林元、邹宁父子雄心勃勃，要在加快国家永磁材料高新技术产业基地建设中，发挥领军作用："未来几年，公司将紧紧瞄准当前世界永磁体材料产业发展前沿，以科技优势为依托，以现有设备为基础，以优势产品为突破，以国内外市场需求为导向，进一步做大做强，形成突破。"

"形成突破"的还有宁波大成和兴业集团。自2017年起，经多方调研及中央军委直接领导下的中国人民解放军军事科学院的领导专家们论证，并根据企业实际，充分发挥高科技纤维生产优势，陈成泗决定研制开发下列产品：一是一种折叠式军用机场应急抢建复合材料道面板（2018年研制开发），二是一种高强纤维软质活动道面板（2019年研制开发，2021年参加陆军装备部招投标项目，经招标方组织专家的全面检测，该产品技术性能在多家投标产品中获得第一名），三是一种PE纤维织布树脂预浸料（2020年研制开发，产品主要应用于军用耐高温防弹复合头盔生产），四是一种组合式复合材料防弹营房项目（2021年研制开发），五是一种拼装式复合材料道面板（2021年研制开发）。

让陈成泗尤为自豪的还有两种产品，一种是"软质野战移动式直升机停机坪"，另一种则是"高强度机场应急联络道面板"，产品主要应用于民航机场及军用机场，具有抗拉强度高、抗冲击韧性强、材质轻、铺装方便等优点。

尽管在防弹衣的研制开发上，让陈成泗深感"高新技术产品最大的风险是市场",但是他也始终相信,"这么大的市场肯定会慢慢发展的。凡是高精尖的产品肯定有这样一个过程"。与此同时,中国的新型工业化,也一定需要这些"高精尖"产品。所以在接下来,陈成泗还将目光转向了一种高性能复合材料和一种轻量化复合材料,并将它们作为自己下一步产业化研制项目。前者主要应用于军用野战机场停机坪和飞机临时跑道建设;后者主要应用于军队快速搭建野战防弹营房建设。如果成功,宁波大成又将为国防现代化建设作出更大贡献。

对兴业集团来说,它的突破体现在多个方面,比如在 2007 年成立宁波兴业盛泰集团有限公司(简称兴业盛泰),并成功在香港联交所主板上市;在 2008 年以打造国际一流企业为目标的二次转型升级启动中,使产品研发与国家整体规划和产业布局紧密契合,进而在多个战略性新兴领域形成自己的优势,它还紧紧追随"八八战略"的指示,做好以下几大方面的重要内容。

一方面,努力打造更多研发创新平台。2022 年 8 月,浙江省发改委公示 2022 年省级工程研究中心名单,兴业盛泰获批"高性能铜基新材料浙江省工程研究中心"。这是兴业盛泰获得国家级企业技术中心、国家级博士后科研工作站、宁波市企业研究院之后的又一重要研发创新平台。高性能铜合金具备高强度、优良的导电率以及热导性能,是航空航天、卫星导航系统、新型汽车、大规模集成电路等重点领域所必需和急需的关键基础材料,这一材料在兴业盛泰实现了从无到有,从弱到强,形成了替代进口产品的趋势。这无疑是民族产业发展壮大的缩影,亦可极大增强中国自主研发的自信心和自豪感。

另一方面,通过与国际合作,引进高端设备。像兴业盛泰旗下的另一家子公司——兴业鑫泰新型材料在扩建时,先后从日本、德国引进了二十辊轧机、高温热处理线及先进检测设备，针对以往只能依赖国外进口的超薄高强型0.03mm高性能合金带材料进行研发生产。

更重要的是，在智能化不断普及的今天，兴业盛泰大力提升自己的数字化和信息化水平，推出了基于产品线工程思想的产品生命周期管理系统（Product Lifecycle Management，简称PLM），并在系统内嵌浏览工具、清晰的配置流程、模块化的产品功能，打造研产销一体化平台。通过在PLM系统中建立知识库匹配企业体系要求，建立企业标准化数据，通过集成功能、关联管理、流程管理、项目管理等，实现流程任务明确化，提高工作效率和质量。

对兴业盛泰来说，尽管一直走在向上的路上，但随着智能化的普及，为适应终端设备轻量化应用需求，连接器逐渐向小型化、轻薄化、精密化发展，也意味着铜合金必须满足更加严苛的综合性要求。它既体现在机械性能提高或导电率提高，也体现在材料轻薄化、尺寸精度提高、表面要求提高、折弯成型要求提高上，同时在耐应力松弛、抗高温软化、耐疲劳寿命等方面均提出了更高的要求。这也要求兴业盛泰尽快推进智能制造。

马信阳对此也深有体会。他说，今天的民营经济要想发展，需要自身的努力，更需要做好"新基建"。在他看来，所谓"新基建"，目的就是搞智能化。而搞智能化，必须先搞自动化，因为搞好自动化才能实现数据化。只有数据互通，以及万物互联，才能实现智能制造，才能造就智慧经济。归根结底，各行各业现在就得把数据建立起来、连接起来。就如他所在的纺织行业，必须收集各个企业、各个部门、各个部件相关功能的数据，再通过数字化工具帮助企业实现无人化、"黑灯"化，实现更快、更好的生产。这无疑给纺织行业提供了新的发展空间。马信阳觉得这空间大得不得了，但同时，他又急得不得了。因为一旦忽视，或者慢一步，很可能就前功尽弃，被人取而代之。

这无疑是一个加速发展的时代。新技术的高速发展也许会让很多人手足无措，也让很多企业"身为老革命，依旧遇到新问题"。

只是万变不离其宗，我们要坚守"八八战略"的引领，进一步发挥体制机制优势，同时，踏踏实实地走在建设新型工业化道路上，继续改革，继续开放，一定能稳定情绪、看清方向，从胜利走向更大的胜利。

"向后走"，朝前看

到21世纪第一个十年，岑尧云年岁已高，但他依旧有一颗澎湃的心。在他的支持下，人健连续做了两件"大事"。

一件是"三顾茅庐"，将著名化学家张达博士邀请到公司搞研发。此前，张达在法国公司任职开发部主任，条件优越，但出于爱国以及振兴国家工业的情怀，他还是来到人健，亲自参与筹建实验楼，设计制药车间，购买先进设备……忙得不亦乐乎。经过1年多时间的筹备，一座国内先进的研发中心开始运作。

另一件则是继续拓宽自身的生长空间。一开始，人健本想将新厂办在慈溪，但由于生产医药中间体环保要求比较高，所以移址宁波化工园区。这个位于镇海区澥浦镇的园区，环保配套比较齐全。在这里，人健征地106亩，投资1000多万元，后来，又投资基建3000多万元，设备5000多万元，尽管经济压力巨大，但随着新厂的开工投产，人健也进入了一个新的发展时期。不过，化工园区的新厂尽管暂时"解了渴"，但还是不够。最后，为了满足生产和市场的需要，人健又在慈溪北三环征地60亩，投资6500万元，专门生产人药。至此，激素二厂、人健澥浦厂、人健北三环厂形成兽药、中间体、人药三大产业格局，使企业全方位发展。

在"八八战略"当中，"进一步发挥浙江的区域优势，主动接轨上海、积极参与长江三角洲地区交流与合作，不断提高对内对外开放水平"的布置也拨动了诸多企业家的心弦。只是，在过去相当长一段时间内，宗汉乃至慈溪与上海以及其他地区的交流与合作，只停留在"引进来"的阶段，但是，"不断提高对内对外开放水平"也意味着，很多企业也需要勇敢地走出去。

既然要跳出慈溪来发展慈溪，那么，对宗汉来说，也需要跳出宗汉来发展宗汉。在宗汉乡镇企业乃至民营经济的发展过程中，这种"引进""跳出"也显而易见。岑尧云向澥浦去只是"跳出"的第一步，更多的扩大交流随后而至。

有很多企业家选择了"向后走"。正如前言中所描述的那样，慈溪人将"往北走"叫作"向后走"，因为往南，是四明山麓及山脚下的宁绍平原，往北，则是茫茫的大海。所以，谢景初初筑大古塘时，大古塘除了谢令塘这一别名，还有其他几个名字，其中就有后海塘。只不过这个"后海"随着时间的推移和地形的变迁，已经逐渐向北压缩。今天的慈溪，已经修到了十二塘。这也意味着，勤劳勇敢的慈溪人民，不仅向海要地壮大了自己所在的城市，还为城市的日后发展预留了巨大空间。

在十二塘周边区域，伴随着宁波杭州湾跨海大桥于2001年立项，浙江慈溪经济开发区（简称经开区）正式形成。在潮塘乡当过乡长，后又出任宗汉镇长的胡立明，成了这一经开区的牵头人。这一方面得益于胡立明与宗汉之间的亲密关系，另一方面，也源于宗汉企业向外走的冲动。所以，在胡立明就职经开区前后，一批宗汉企业也纷纷落地经开区，成了经开区开发的首批"开拓牛"。

第五部分　承启

　　作为陈成泗的大儿子、胡长源的女婿，陈泉锋在化纤产业上也颇有追求。他在1999年成立振邦化纤。在面对国民经济新一轮宏观调控，以及同行竞相分吃"蛋糕"的局面时，他的父亲强硬地选择了转型升级，他却敏锐地意识到，中国加入WTO所带来的产业机遇一旦和这千载难逢的"大桥经济"相结合，一定会带动慈溪化纤行业集聚整合，以及新区的开发，与此同时，也会助自己由"小化纤"跨越到"大化纤"行业。而且，他还预感到杭州湾跨海大桥的建设，一定会大大加快慈溪工业化、城市化的步伐，到时候土地资源紧张在所难免，所以，他毫不犹豫地响应了胡立明的召唤，率先抢滩。2002年1月12日，振邦化纤在经开区开始打桩建设生产基地，次年6月开始投产。直到今天，他还记得当年刚刚入驻经开区时，草长得比人还要高。因为他是第一家入驻的企业，所以很多东西都要亲自摸索，不断调整并积累各类建设数据。这些数据也在日后成了其他企业入驻时所要参考的基准。今天的宁波湾新区，又有无数家工厂和企业，在振邦化纤的左右甚至是后面，纷纷冒了出来。

　　胡长源的兴业集团来了，陈成泗的宁波大成也来了，慈溪最著名的方太也来了。截至2021年年中，这个新区拥有28家世界500强企业，包括大众、吉利、联合利华、美国伟世通、德国博世……形成了汽车、智能家居、生物医疗、新材料新能源、高端装备以及通用航空六大完善的千亿级支柱产业链。一个当年不起眼的滩涂，在一代接一代人的围垦下，矗立起一个工业王国。

　　经开区如日中天，在地位和级别上也因此发生了巨大的变化。2010年2月，整合浙江慈溪经济开发区管委会、设立宁波杭州湾新区，与浙江慈溪经济开发区一套班子运作；2014年2月，浙江慈溪经济开发区升格为国家级经济技术开发区，定名为慈溪经济技术开发区。2015年4月，慈溪经济技术开发区更名为宁波杭州湾经济技术开发区。到了 2019 年 7 月，设立宁波前湾新区（简称前湾新区），保持宁波杭州湾经济技术开发区牌子不变。

在名称的不断演变中，当年肩负为慈溪工业拓展空间这一重任的新区，也慢慢交到了宁波手里，得为整个宁波通盘考虑了。

但不管如何，这都是包括陈成泗父子、胡长源等宗汉企业家的骄傲。前湾新区的形成在给企业的发展装上新引擎的同时，也重构了一个城市空间。2020 年，徐娣珍在砥砺教育二十载之际，又创建了高质量的综合性外国语学校——宁波前湾慈吉外国语学校和宁波前湾慈吉外国语幼儿园。学校占地近 15 万 2 千平方米，建筑面积 28 万平方米，一期投资 20 亿元，已于 2023 年 9 月竣工、开学。

除了在宁波当地拓展，还有走得更远的企业。2003 年，随着锦纶帘子布原材料的国产化，为使产业链进一步优化，陆汉振根据产品上下游客户区域分布的特征，将自己在锦纶帘子布上的产能转移到了江苏淮安下属的涟水。这也成了涟水在很长一段时间内最大的招商引资项目。2005 年 8 月，淮安锦纶化纤有限公司（简称淮安锦纶）一期项目建成投产。2007 年，金轮集团全面实施转型升级，对下属企业进行改制或转制，保留了宁波锦纶、淮安锦纶和进出口公司，重点突出锦纶帘子布主业。这也进一步推动了淮安锦纶的建设。2010 年，金轮集团在原有的淮安锦纶生产区内进行扩建，并把原在慈溪的所有锦纶帘子布产业整体迁移至此。"为了让企业更好地在异地发展壮大，董事长陆汉振带着家人远赴异乡，亲自把关生产经营管理工作。"在金轮集团 30 周年之际，当地媒体《涟水日报》推出《基业长青转金轮》一文，对它的搬迁如是描述。

多年发展之后，淮安锦纶已淘汰全部落后设备，投资组建"高产能、

"高品质、低能耗"的智能化车间,继续打造成为国际领先的锦纶帘子布生产基地,为全球轮胎制造商提供高品质、多规格的产品。而且,它还依托自身拥有的省级科技中心和研究生工作站,与东华大学合作研发出国际领先的绿色环保新材料——Lyocell(莱赛尔)纤维,该产品广泛应用于高端服装面料、碳纤维基础材料、航空航天领域;同时公司又与中科院合作,开发纳米尼龙、石墨烯尼龙工程塑料等新材料项目……正是通过产学研合作和技术资源整合,淮安锦纶获得了国家级"高新技术企业"的资质,其中年产3.5万吨浸胶帘子布技改升级项目获得了淮安市政府授予的"优秀工业项目"称号。相应地,踔厉奋发欲构建现代化产业体系的淮安也因此受益匪浅,成为帘子布产业的领军城市。

某种意义上,宗汉企业的易地生长,甚至全球布局,让它们的发展逐渐脱离了宗汉的印迹,也成全了别人。但是宗汉乐见其成,身为"家长",谁不愿意看着自己的子女,能"鲲鹏展翅九万里,长空无崖任搏击"呢?

更重要的是,这些企业的远行,也给异地带去了来自宗汉的影响,让更多人了解宗汉,这何尝不是一种传承?

第十二章　今天，我们该如何评价乡镇企业

四次飞跃：从"起跑"到"跟跑"到"快跑"再到"领跑"

当我们气喘吁吁地攀过岩石，穿过荆棘，终于成功登顶，一览众山小时，一定会回忆起过去无数次的尝试和失败，以及无数次的放弃或坚持，就像漫天繁星般照亮了前行的路。与此同时，那些在路上的点点滴滴、分分秒秒，也在心灵深处沉淀出无穷的勇气，激发我们如同那些不屈的前人，亲手打造一个新世界，为美好的家园添砖加瓦。

马宗汉何其不幸，生长在一个晦暗的时代。宗汉又何其幸运，生长在这样一个翻天覆地的新时代。当我们站在庙山，或者行进在大街小巷，很难想象，脚下的这片热土曾经是海的圈地，这里的人，亦曾卑微地讨着生活。

现实不会撒谎。如果我们翻看《慈溪市宗汉街道志》会发现，字里行间都写着"发展"两个字。

这在宗汉身上体现得特别明显：几十年前它还只是一个为纪念烈士而设立的小乡，在1989年10月撤乡设镇，到1992年5月，又并入了新界乡、高王乡和潮塘乡，摇身一变成了大镇。2000年11月，宗汉的各小村

并成了大村——像新塘东、新塘西和玉字地合并成了新塘村，尚家市和高王合并成了高王村，而南池、新街、假山以及宗汉村则合并成了马家路村。到2001年，宗汉也撤镇设街道，这也意味着，宗汉的城镇化建设突飞猛进。

我们不妨把视野从宏观的叙事，回归到微观上，去看看宗汉那些行政村的变化。像距离宗汉街道办事处仅450米的新塘村，解放初全村有耕地187.60公顷，20世纪90年代起，因发展需要而征用土地，村境耕地面积逐年减少。2011年，全村农业收入748万元。但是，在这一年，全村有个私企业71家，以塑料、五金制品、纸箱、灯具、纺织等为主，工业产值为47992.93万元，可以说，把农业收入远远地甩在了身后。特别值得一提的是，马信阳的太阳实业、陈成泗的宁波大成，以及陈泉锋的振邦化纤和嘉利机械，在部分搬迁前湾新区前，均是其街道级骨干企业。

距离街道办事处同样近的周塘西村，在中华人民共和国成立时，还创下了"百斤棉""千斤稻"的成绩，但随着土地被逐渐征用，以及部分村民逐渐脱离农业，转向工业和第三产业，2011年，全村农业收入216.48万元，比起新塘，更是少得可怜。但也在这一年，全村有45家个私企业，工业产值为8917.03万元。除了太阳实业之外，境内还有华盛化纤、杜邦化纤，以及太阳电子科技、彩印包装厂等街道级骨干企业。

于宗汉境域西南、距街道办事处稍远一点的新界村，当年只能靠租地或少量自耕地收获作物度日，但是到2011年，全村农业收入1000万元，牧业收入26万元，渔业收入39万元，相应地，在工业企业上，共有中小个私企业137家，其中骨干企业12家，工业产值达30898万元。这也让该村在2010年就成立了宗汉街道的第一个商会，有30家企业入会。

而在宗汉历史当中，不得不提的还有这两个村。一个是马家路村，它是街道办事处驻地所在村。"清至民国，村民自耕地较少，多数村民向地主租种土地。""1951年进行土地改革，得田户人均分得1.45亩，手工业、戤社户（就是家庭户主在城镇工作，一家户口却在农村，国家不供应他们粮油，只向生产队有偿获得）分得照顾地，人均1亩。"但在1978年改革开放后，因经济快速发展，企业和新农村建设大量征用土地，耕地逐年减少，至2011年，全村仅剩耕地67.93公顷。这一年，全村农业收入200万元，牧业收入10万元。但从20世纪80年代中期起，村办企业和个私企业齐头并进，"村民胡长源以办冲床起家，转产铜材加工，发展成兴业集团，成为全镇（街道）骨干企业"。"2011年，全村有大小私营企业57家，工业总产值为28747万元。"可以说，这个在马宗汉生活的那个时代就在商贸上表现突出的村庄，也是宗汉工业的重要力量。

还有一个自然是庙山村。自1993年至2008年，金轮集团投资7000万元，将这个村庄建设成浙江省社会主义新农村建设样板村，形成了"1个基地、3个公园、多条绿化带"的格局。在2011年，全村尚有耕地15.53公顷，户籍村民406户，计1223人。不过，其可供耕种的土地，后来作为花卉苗木培育基地，用于村庄绿化建设，所以无农业、林业、牧业和渔业经营收入。在工业上，由于有金轮集团作为顶梁柱，哪怕因为外迁而导致规模缩小，表现依然优秀，"至2011年，全村个私企业产值3396.39万元"。由于全村村民有50%成为金轮集团职工，只有20%的村民从事运输业、餐饮业、服务业，"第三产业合计创产值1828.94万元"。但值得该村骄傲的是，据《慈溪市宗汉街道志》记载，2011年底，"全村现有227名大学毕业生，33名在校大学生，5名研究生，6名出国留学生"。此外，"村民中有272辆小轿车、46辆摩托车。全村各项经济总收入5513.93万元，村级集体经营收入2699.25万元，农民家庭经营收入

2813.68万元，村民人均年收入19787元"。

从这些行政村身上，我们可以清楚地看到，乡镇企业的发展，以及由此带来的工业化进程，深刻地改变了一方乡土的面目。

《乡镇企业崛起——"异军突起"逐新路》一文中回顾乡镇企业发展40年历程，称赞道："在中国改革开放40年华章中，无论从哪个角度看，乡镇企业都是其中浓墨重彩的一笔。这不仅是因为它继'包产到户'之后进一步解放了乡村生产力，推动经济进入高速增长的通道；更因为它在整个国民经济由计划向市场转向的过程中，充当了'马前卒'与探路者的作用。""乡镇企业深刻改变了农村经济单纯依靠农业发展的格局，使得乡村工业化成为可能。最大的特点就是农民可以'离土不离乡'实现就地转移就业。正如费孝通总结的：中国历史长期延续的农村搞农业、城市搞工业的经济结构发生了历史性变迁。亿万农民在没有国家投入的情况下，自我完成了从农民到工人的角色转换。"

此外，乡镇企业还推动着我国城镇化建设，"大批农民亦工亦农亦商，从客观上促进了工业小区和工商聚集的小城镇的建设"。当然，作为当年被农业部所管辖，主要为了支持和服务农业的乡镇企业，也没有忘了自己的初心，成为农业现代化不可或缺的支撑力量。"乡镇企业从发展伊始，就以转移农村富余劳动力以及以工补农、建农带农为己任，在国家尚未大规模支持农业的情况下发挥了重要作用，并以各种直接或间接的方式促进了农业产业的发展。"更重要的是，乡镇企业的发展能给人巨大的启示，它们之所以能在人才、市场以及政策等诸多不利条件下实现夹缝中突围，还在于其野火烧不尽的旺盛生命力，以及"市场在哪里，它们就在哪里"的敏锐力。更靠的是自主快速的决策机制，能上能下的用人机制，自负盈亏的约束机制，酬效挂钩的分配机制，这些都为经济领域改革以及其他领域改革提供了借鉴。

无疑，没有金轮集团、太阳实业、宁波大成、兴业集团、太极环保、慈吉集团等一批企业的壮大崛起，没有岑尧云、邹林元、陆汉振、陈成泗、胡长源、马信阳、史汉祥、徐娣珍、邹汉权等一帮乡镇企业家靠着"四千四万精神"从田野走向了城市，就没有宗汉乃至整个慈溪在无区位优势、无资源禀赋、无产业基础的严峻挑战和重重压力面前，走出一条"农村工业化、主体民营化、市场全球化、制造智能化"的发展之路。

同样，我们可能也很难看到宗汉乃至整个慈溪从改革开放初期率先"起跑"、20世纪90年代初借机"快跑"、世纪之交借力开放型经济的顺势"跟跑"，以及到经济发展进入新常态以来智能经济的抢先"领跑"这四次大飞跃。

在宗汉之外，我们还可以看到整个慈溪经济发展水平后来居上，城市能级也飞速提升，在浙江省的90个区县中名列前茅，居民的可支配收入也远高于大多数省会城市。也就在"八八战略"推出的20周年，慈溪的GDP总量第一季度接近600亿元，领先义乌近160亿元，同比增长3.6%。其中，第一产业增加值9.25亿元，第二产业增加值344.34亿元，第三产业增加值243.21亿元。慈溪的消费水平因此水涨船高。这也是徐娣珍成功创办奔驰4S店的一个根本原因。

此外，乡镇企业的发展也推动国家快速地切入社会主义市场经济，并创造了让世界瞩目的经济发展奇迹。

尽管在此过程中，由于乡镇企业家们的文化素质大多不高、法治意识欠缺，为了生存大打价格战，曾经一度扰乱了市场秩序，甚至在环保上留下了无数的欠债，但是，我们不能就此否定乡镇企业的发展，就像我们不能将孩子和洗澡水一起泼掉。

事实上，经过20世纪90年代末的改制，那些已经成为农村经济主体的乡镇企业，已然变成个人独资、混合制等形式的民营企业并融入开放型经济大潮。与此同时，正如《乡镇企业崛起——"异军突起"逐新路》一文中所说，"一大批乡镇企业通过深化改革、资本经营，实现了从小到大，从弱到强的嬗变，并且轰轰烈烈地加入了我国工业化、信息化、城镇化和农业农村现代化的进程之中"。在我看来，乡镇企业虽然开始披上了民营企业的外衣，但是它依旧在努力改变着我们每一个人的命运，依旧在为这片土地的生存和繁荣而竭尽全力。

而且，让我们心怀感恩的是，它们还给这个世界留下了无数的宝贵财富，有数字上的，更有精神上的。

老一辈企业家留给我们的宝贵财富

位于宗汉街道办事处对面的南池东区，有胡长源租住的单元房。房间里布置很简陋，只有几张桌椅，以及会客的沙发。一侧的卧室，摆放的也是很常见的床铺，旁边立着普通家庭常见的双开门大衣柜。如果不说，谁都会以为这是一个普通市民家庭，根本想不到它是一位上亿身家的企业家的"安乐窝"。胡长源说他也不常住在这里，但是墙上贴的字条，还是暴露了他的"行踪"。

字条是一张A4纸，颜色有些陈旧，像是贴了有段时间了。A4纸上上下排列了两组词，上面一组：放手、放心；下面一组：放下、放开。这四个词被胡长源用手画线条给串联了起来，更添一些说不清、道不明的意味。后来，根据胡长源的解读，这四个词其实是他最近几年心境的写照。创业这么多年来，自己乐在其中，但也到了该放下的时候。一方面，自己年事已高，另一方面，得给更多的年轻人机会。未来终究是属于年轻人的。所以，"放手"成了他的第一重心境。但很多时候，就如老马恋栈，明知要放手，却还是有点恋恋不舍，过了一段时间他才进入第二重心境，那就是"放开"。不放开又能如何呢？好在随着时间的推移，他看到了企业里的那群年轻人其实做得并不差，甚至让兴业集团变得更好，他终于放心了。所以到今天，他的心境便来到了第四重，那就是彻底地"放下"。他说他今天自己已经基本上不去公司了，"怕自己过去，给公司的管理造成干扰"。

说起来，这个自嘲是"无轨电车"但事实上又极度理性的企业家，是真正的"人间清醒"。他虽然一辈子都在拼命地创业，拼命地赚钱，甚至很早就进入了有钱人的行列，但是他对财富却看得很轻，认为钱财生不带来，死不带去。财富可以成为自己的助力，但千万不能成为自己沉重的负担。所以，他的生活很简单，自己买房子或者租房子，都没有什么区别。他手下的公司，也在"放下"之后，将房产和有价证券一分为四，给了两个儿子，一个女儿，还有自己的老伴。至于他自己，只留了一些公司的股票。

我常称胡长源为可爱的"怪老头"，胡长源也笑而不语。在史汉祥的儿子史跃展看来，今天对父辈们的评价，的确还是挺复杂的。在他们身上，"猴性"和"虎性"并存，自信和自卑交织。他们屡战屡败，却屡败屡战，百折不挠，心墙很厚。但不管如何，他们都值得尊敬，值得后代们学习。如果开列他们值得我们学习的清单，也许会是很长的一张"流水账"。但在我看来，最主要的是以下几种。

一是要学习他们不重义轻利，也不重利轻义，而是义利并重，做生意也要有仁义礼智信的儒家文化的修养，但在崇儒的同时，也不认为"士农工商，商为末业"。慈溪之所以能出虞洽卿、吴锦堂这样的大商人，能在改革开放后冒出无数乡镇企业家，是因为他们"重职业"，理解三百六十行，行行出状元。

二是要学习他们的正直、诚信，以及勤劳、节俭。马信阳到今天还记得爷爷对自己寡居的二儿媳的呵护，还记得爷爷"一粥一饭，当思来之不易；半丝半缕，恒念物力维艰"的教诲。现在日子好了，也不能任意挥霍。而在更小几辈的钱星宇心里，印象最深的则是外公岑尧云要他"做一个诚实的孩子"。当年，他在外公家玩耍，将沙发割破了，因为害怕被责备，就想悄悄地把这件事隐瞒下来，但后来还是被外公发现了。外公狠狠地批评了他一顿，告诉他人可以犯错，但做错事后要勇于承认错误，勇于担当，不应该为了避免责罚而逃避责任。也正是这样的批评教育，让包括他在内的后辈们时刻警醒，时刻注意自己的世界观、人生观、价值观的建设。"在我身边，很多有钱的公子哥依靠着家族积累的财富，不务正业，贪图享乐，缺乏斗志，过着纸醉金迷的生活，很快就把家族积累的资源和财富挥霍一空，败光了家族产业。而正因为有外公的谆谆教诲，让我时刻保持着本心，专心在家族产业中发挥自己的专长，为家族产业的发展贡献自己的力量。"

三是要学习他们当年为了生存而奋起一跃的创业精神，学习他们在有限的条件下用心打磨产品的工匠精神，学习他们面对压力无处不在的市场时的"四千四万精神"。尽管时代变了，企业家们的处境也变了，但是创业精神不能丢、工匠精神不能舍。而"四千四万精神"则要被赋予新的内涵。我曾经这样重新诠释"四千四万精神"：走遍千山万水辟赛道、想尽千方百计攻数据、说尽千言万语争权益、吃尽千辛万苦求创新。

四是要学习他们对这个时代和国家的热爱，以及对民营经济的坚守。

不能否认，国有企业在关键领域的特殊作用，比如挑大梁、集中力量办大事。但是我们也不能忘记乡镇企业的蓬勃发展，曾给这个国家带来新的面貌。民营企业家有时会随波逐流，但更多时候是在乘风破浪。不管如何，民营企业生生不息，而他们也将在这种波浪式前进的时代大潮中，勇立潮头。

五是要学习他们在历经千锤百炼，见识世间百态之后的超然，包容，以及大爱。这些乡镇企业家们所出生或生长的这个城市，以"慈孝"而闻名。这种大爱似乎也变成了宗汉乃至慈溪企业家的一种"标配"。岑尧云秉持"办企业一定要懂得感恩，要有社会责任，要有大爱"。陆汉振则捐资修建锦纶中学、修建海月寺，甚至重造庙山村。而其他企业家在这方面也不相上下。马信阳曾为地震捐资，还捐资设立新塘村关爱基金、捐资筹建湾底村流芳亭纪念地、捐资慈溪太阳希望小学。2016年，他还代表大女儿向慈溪博物馆捐赠历代瓷器21件。尤其值得称颂的是，他还捐赠70万元兴建马宗汉烈士公园。徐娣珍除了坚持用教育来回报社会之外，还专门设立"慈吉之星星徽教育基金"支持教育，2020年捐资1200万元创立慈溪市慈吉教育基金会，此后每年捐资1000万元。基金会每年用于奖励优秀学生的奖学金达2000多万元，每年用于补助困难师生和社会助学结对的扶持资金达700多万元。她先后为慈善会、康乃馨基金会、老年事业、汶川大地震、新农村建设、镇村造桥铺路、"五水共治"、助学结对等公益性社会事业和文化事业等出资近亿元。此外，她还带头创立慈溪市女大学生创业基金、康乃馨救助基金、儿童教育爱心基金，捐款60万元专项用于省妇女儿童基金会留守儿童的关爱扶持项目，捐款100万元用于宁波市与贵州黔西南州对口扶贫项目（新建幼儿园）……

我曾在胡长源的家中，将这份大爱看得一清二楚。如果说，他生活的那间朴素的单元房有什么生动的点缀的话，那就是红色的锦旗，以及一排排放置在书柜中，或悬挂在墙上的牌匾。这些锦旗和牌匾几乎都和慈善有关。有中华慈善总会颁发的"中华慈善事业突出贡献奖"，有浙江省人民政府颁发的"浙江慈善奖（个人奖）"，有浙江省慈善总会颁发的"汶川'5·12地震'赈灾捐赠慈善爱心奖"……

尽管乡镇企业改制为民营企业，不再属于"集体"性质，但是这些企业家的做法，无疑让我们看到了昔日的儒商伦理正逐渐演变成今天的"儒企风范"。同样，也让我们看到了，我们的企业对脚下的这片土地无疑爱得深沉——是这片热土给了他们生存并向上的机会。这份感情不管时代如何变迁，企业如何改变，都改变不了。

如今，岁月轮转，白驹过隙，这一代的企业家在创造了人生乃至时代的神话之后，像胡长源那样，正逐渐归隐。当然，也有将创业当成自己一辈子事业的企业家，有的像陈成泗、徐娣珍、史汉祥、邹汉权那样还一直坚守在第一线，有的则像岑尧云、邹林元那样，退到了后台，从司令变成了参谋长——在小辈们的企业经营上给予指导，甚至参与一些重大工作的决策，持续在家族中发挥着定海神针、领航者的作用。但毫无疑问的是，二代的接班问题，正逐渐浮上水面。

在此前很长一段时间内，关于"企二代"的接班问题，曾一度困扰着浙江的很多企业，也一度闹得舆论纷纷。不同于"企一代"从人生的低微处逐渐向上生长，积累了无数对人生的理解和对世界的认知，很多"企二代"是含着金汤匙出生的，甚至早早地被送到了国外读书或生活。所以，一方面，他们对父辈创业的经历很难感同身受，对企业发展所遇到的问题也很难有清晰的洞察，进而很难和父辈"共情"；另一方面，他们也想过自己的生活，或者，只专注于自己感兴趣的事业。这就导致"企一代"的接力棒很难顺利地传递下去，即使接棒，也会按照"企二代"自己的想法折腾。一二代之间经常会因为经营理念的不同发生冲突。更有甚者，"企一代"的呵护和过度关爱，也可能让自己的孩子对未来缺乏主见。

但幸运的是，对宗汉的"企二代"乃至"企三代"来说，这种现象不能说没有，但比较少见。经过对宗汉的乡镇企业以及民营经济的调研，我们会发现在代际传承中，有这样比较好的几种现象。

一是有些企业本身就是由"企一代"联手"企二代"一起经营壮大的，甚至在创业的过程中，"企二代"在某些方面已经独当一面。比如马信阳当年在父亲的带领下跑供销，就早早地体会到了创业的艰辛，也看到了市场的潜在需求。比如岑尧云搞激素产业、邹林元转战稀土产业时，身边都少不了各自儿子岑坚和邹宁的身影。又如今天的太极环保，史汉祥虽然还在台前主持大局，但是史跃展作为法定代表人、执行董事以及总经理，也深度地参与到企业的发展过程当中，甚至操盘了公司的诸多经典案例。所以，哪怕他们日后脱离了"企一代"，也无所畏惧。

二是家有一老，如有一宝。一方面，作为"企一代"，在平时的经营管理当中，有意识地栽培下一代接班人，以及下一代的员工。像陆汉振在企业内部加强教育，马信阳也有自己独特的人才培养之道。其一是年轻人刚进来时，无论身份，都要将对方扔到一线"打螺丝"。在他看来，不懂生产，以后就做不好管理。其二是不放弃对年轻人的培养。他会将他们送到东华大学或者复旦大学脱产进修。其三是将创新放在未来发展的首位，以数据化带动智能化。不得不说，一个时刻保持着清醒、与时俱进的"企一代"对企业的发展，确实无比重要。相应地，"企二代"也应该保持着一种谦逊、好学的姿态，向上一代充分学习，并结合自己的理念进一步发展企业。这一点在钱星宇身上体现得很好。徐娣珍的女儿胡圆圆也同样如此。作为一位品学兼优、勤奋上进，在大学获得了法律、国际经济贸易双学位，并精通英语的新生代，胡圆圆选择和丈夫一起扛过重任，接力实施慈吉集团"二次创业"发展战略。为此，她先后考察了几十个国家和地区的名校，为掌握和引进国际国内先进教育理念做了充分准备，并与相关国际名校成功对接合作办学，她还专门到浙江师范大学攻读教育管理专业研究生，以优异成绩获得了硕士学位。和母亲同行而非独闯天下，在她看来，这样的选择是站在了前人的肩膀上，可以让自己看得更远。

三是将企业传给知根知底的事业合伙人。换句话说，不将企业局限在家族内部，而是秉着光大事业的态度，任人唯贤。马信阳在这方面就很有格局。他将包括输纱器在内的纺机制造这一块交给了二女婿马骏掌管，把家庭花园用品这块交给侄子马铁钢，而博太科智能科技有限公司则由孙开华接手。对马信阳来说，没有孙开华，也就没有这家公司。另外，他也希望他们能带领这些公司继续做大做强。这既对得起自己一辈子的创业追求，也无愧于当下这个时代。

还有一种就像胡长源，彻底地"放下"，当一个"闲人"。这背后的原因在于，通过上市，让一个类家族企业，变成公众企业，这样企业就可以接受公众监督，不需要"企一代"再为之焦虑，也能保持健康、有序地发展。

过去已去，未来已来。不管如何，接力棒都是要传递下去的。是硬塞也好，还是默契传递也好，"企二代""企三代"都必须站到台前来，或整装待发，或快马加鞭。幸运的是，今天的接班人们生长在红旗下，行进在全球化和互联网时代的语境中，有着比前辈们更广阔的视野和胸怀，而且懂得创业不仅求盈利，而且应当注重知识产权……这些无疑都是肉眼可见的可喜变化。

胡宏伟对他们也寄予了这样的希望。一是对过去老一辈的创业历史不要轻易否定，唯有历史照亮的未来，才是真的未来。二是浙商过去大多在时代的夹缝中通过流通或者生意，让自己发家，让城市进步，但这里面的投机主义色彩重，是"卖"出来的，"闯"出来的，不是"创"出来的，所以也导致我们的城市缺乏科技发展的土壤，缺乏企业家应有的长期主义精神。所以，希望新一代年轻企业家在这一点上有所改变。三是当我们的企业家群体开始增多后，希望他们能从企业家进化成科学家型企业家，像马斯克那样能为全人类造福。四是人的现代化，才是真正意义上国家的现代化。按照我的理解，就是希望今天的企业家，不要动辄以赚了多少、市值炒到了多少为骄傲，而是以推动整体社会进步，给社会带来更多福祉而自豪。

相信我们的接班人们一定清楚自己身负的使命，也一定清楚地知道：这个社会的高质量发展需要他们作答，实现中国式现代化需要他们作答。当然，我们今天持续推进的共同富裕、乡村振兴同样也需要他们作答。

乡村振兴：从乡镇企业到乡村企业

茅盾文学奖获得者刘醒龙在代表作《天行者》中，曾这样描写当年的民办教师："'十年动乱'，百废待兴，国力绵薄，一时之计，只能无奈地优先考虑核心都市，在荒芜的乡村，如果没有一大批民办教师勉力支撑二十年，乡村之荒漠将更加不堪设想……"在我看来，这段话不只是在写民办教师，其实也是在写乡镇企业家们，写我们国家广袤的乡村。

当年的乡村，土地改革"春雷一声平地起，斗倒地主分田地"，让农民真正成为土地的主人，种田的积极性空前提高。然而，由于新中国要立足于世界之林，必须大力发展工业，但正如刘醒龙所写的那样，因"百废待兴，国力绵薄"，只能保一头牺牲一头。在很长一段时间内，工农之间的"剪刀差"（指工农业产品交换时，工业品价格高于价值，农业品价格低于价值所出现的差额），严重地影响了农村的发展。幸运的是，乡镇企业的平地起惊雷，让农村不再只有农业，也一并改变了工业只能属于城市的"分裂"格局。

然而，工业化生产的集聚需求和产业链的协同要求，依旧在不断地推动工业往大城市汇聚，最终形成"马太效应"——强者愈强，而弱者愈弱。

今天，当我们环视周边，会发现大城市正一个一个涌现，而截至2023年年底，GDP过万亿的城市已有26座。但与此同时，我们也应该看到，在这些城市之外，还有无数座县城，以及广袤的乡村，在等待着被重新发现。正如记者王光营曾对我说的，县域经济才是中国的未来，它一头连着乡村振兴，承接乡村转移出来的人口，一头连着大都市，是大都市圈健康发展的棋盘。如果县域发展不好，不光高质量发展上不去，基层的稳定也会出问题。

2017年10月18日，党的十九大报告中鲜明地指出："农业农村农民问题是关系国计民生的根本性问题，必须始终把解决好'三农'问题作为全党工作的重中之重。"2018年3月5日，国务院《政府工作报告》中也同样提出："大力实施乡村振兴战略。"2021年2月21日，中央发布一号文件《关于全面推进乡村振兴加快农业农村现代化的意见》，它也是21世纪以来第18个指导"三农"工作的中央一号文件。发布的四天后，国家乡村振兴局正式挂牌。在我看来，没有农村的现代化，就没有整个国家的现代化。

第五部分　承启

如何推进农村的现代化，加速乡村振兴？国家的政策关爱是必要条件，但我们以前的"以工促农、以城带乡、工农互惠、城乡一体"的方法论，或者是陆汉振所开辟的"以厂带村、厂村共赢"模式，依旧不过时。没有持续的工业化，很难改善农业发展现状，与此同时，还会造成农村人口大量流失，成为"留守乡村"或者"空巢乡村"。如果说以前的乡村通过乡镇企业的崛起赢得新生，那么，今天的乡村依旧需要新型的乡镇企业来拥抱未来。这种新型的乡镇企业，换个说法，更应该叫乡村企业。

与过去的乡镇企业相比，今天的乡村企业有着相似性，那就是同样扎根乡村，为乡村的发展而服务，为农民的幸福而服务。某种意义上，它也是乡镇企业，但不同的是，乡镇企业以前大多属于"大集体"，政府是背后独一无二的大股东，但经过社会主义市场经济的洗礼之后，乡村企业应该是由新、旧村民作为它的运营主体。所谓的旧村民，一般指的是原住民，而新村民则是指日后因各种各样的原因（落户、嫁娶等）而成为其中一员的村民。这些村民以老板或股东或雇员等多重身份参与其中。当然，今天作为村民自治组织的村委会，在协调并理顺企业、村民与政府之间关系的同时，还可以通过整合农户资源，包括土地、资产等，成立村集体股份经济合作社，并以集体资产入股来创办或壮大乡村企业。这也意味着，乡村企业一般以合伙制、股份制等混合所有制为主，最终通过契约、分红、股权等方式，让乡村企业的利益来于民，还于民。

至于政府，依旧可以在乡村企业的大发展中发挥作用，但正如其在民营经济中的定位一样，无须对其"大包大揽"，而主要是做好各种搭台工作，比如进行全域乡村振兴规划统筹，并努力改善营商环境，通过提供政策引导，以及资金支持（如相关优惠和补贴）等方式，引入更多的人才和企业，比如给乡村找到合适的乡村经营商、投资开发商，还有专家智库。

那么，乡村企业在成立之后又该做些什么呢？过去的乡镇企业，似乎无所不包，如前所述，只要是市场空白的地方，都有乡镇企业家的身影。像宗汉的企业当年就做过粮棉加工、塑料、五金、纺织、灯具、渔具，甚至是帘子布、摩托车，但在今天看来，基本上都处在价值链的低端，而且很多都是农业的延伸产品，和农业本身其实关联度并不大。而且随着中国工业化的发展，以及产业的转型升级，这些也不再成为今天乡村企业创业的"主体内容"。

对今天的乡村企业来说，最应该做的，就是努力回归服务农业的初衷，紧密联系农业，以农为"龙头"，以农为"能途"。

首先，推动农业的结构调整，提升农民素养，让它从劳动密集型产业变身为科技密集型产业。尽管在很长时间里，工农因为"剪刀差"的存在，让农业很受伤。但随着时代的变化和全球地区冲突的影响，粮食安全已成为国家发展的重中之重。让每个中国人有得吃，吃得好，也是现代化建设的要义。所以，提升农业的发展内涵很重要。

其次，做好农产品分等分级、储藏保鲜、加工流通等，延伸产业链条，并利用与数字技术融合，以及建立地理标志等方式，推动农产品的品牌化，通过多环节增加农业附加值，最终促进乡村产业、产品、业态在地化、特色化。

再次，利用现代信息技术，建设智慧乡村的同时，发展休闲旅游、健康养生和电子商务等新产业新业态，多层次提高农业经济和生态价值。

当然，我们还可以根据农业生产的需要，与一些大企业、大集团（尤其是当年境域内的乡镇企业）共同生产相应的基础设施，以及工业装备，比如说耕种机械的配套，以及无人机等。

尽管今天的宗汉已经升格为街道，正式成为城市的一部分，但是它在乡村振兴上还有很大的发展空间。在2024年2月3日发布的中央一号文件《中共中央、国务院关于学习运用"千村示范、万村整治"工程经验有力有效推进乡村全面振兴的意见》中，我们可以看到，国家在将确保粮食安全放在前列的同时，也对提升乡村产业发展水平、提升乡村建设水平、提升乡村治理水平作了鲜明的要求。比如要促进农村一二三产业融合发展、推动农产品加工业优化升级、推动农村流通高质量发展、强化农民增收举措。文件还特别提及生态旅游、森林康养、休闲露营等新业态，要求优化实施农村产业融合发展项目，并明确实施乡村文旅深度融合工程，深入推进县域商业体系建设，实施农村电商高质量发展工程等。另外，文件还提出增强乡村规划引领效能、深入实施农村人居环境整治提升行动、推进农村基础设施补短板、完善农村公共服务体系、加强农村生态文明建设、促进县域城乡融合发展等举措。

当然，更重要的是，农业现代化，关键在于农业科技现代化。所以，我们要强化农业科技支撑；优化农业科技创新战略布局，支持重大创新平台建设；壮大乡村人才队伍，实施乡村振兴人才支持计划；强化农业科技人才和农村高技能人才培养使用，完善评价激励机制和保障措施；推广科技小院模式，鼓励科研院所、高校专家服务农业农村……某种意义上，这和上面的论述有些不谋而合，同样也是宗汉未来持续发力的重点。

总而言之，改革不能停顿，创新不能停息，发展不能停步。

我相信，当越来越多的乡村受到"阳光"的普惠，与此同时，越来越多的农民充分发挥自己的主观能动性，而无数从这片土地上生长或者走出去的"企二代""企三代"们，也不断地贡献自己的聪明才智……他们一定会因此享受到工业发展带来的红利，也一定能通过产村融合、产镇融合、产城融合，不断缩小城乡差距，让城乡产业协同，却又各具特色……

这样的宗汉，这样的慈溪，这样的宁波，这样的中国，一定会让人望而生美，美而生爱，爱而生敬。

后记

很多时候，我总认为这个世界存在着冥冥之中的缘分。也就是这种缘分，让居住在成都的我，和远在东海之滨的宗汉街道"千里合作一线牵"。2023年年中，宗汉街道通过蓝狮子财经找到我，希望我能围绕此地的乡镇企业以及民营经济的发展作一番深度调研并形成文本。一开始，我还没意识到这种缘分的存在，等到我知道宗汉街道得名于辛亥志士马宗汉，心情顿时无比激动。

因为马宗汉正是在安庆杀身成仁的。1907年6月，他追随徐锡麟在安庆发动起义，向腐朽的清政府统治者连开数枪。尽管马宗汉因各种原因而未能脱身，起义也未取得成功，但在我看来，安庆这个近水，且说话很柔和的城市，因了他们而平添阳刚之气，更在中国革命史上拥有了自己的一席之地。这让我也与有荣焉。因为我，恰恰就是安庆人。

所以，让一个深受马宗汉恩惠的安庆人，来写与宗汉街道相关的文字，这对我来说不是缘分是什么？同样，对宗汉街道而言，找到我这样一位来自马宗汉献身之地的作者来写这些文字，不是缘分又是什么？

当然，我之所以毫不犹豫地选择了合作，并为此投入了莫大的热情，除了这段缘分之外，还是因为宗汉街道本身在乡村振兴、共同富裕实践方面的深度、广度，以及其在中国乡镇企业发展史中贡献的不可或缺的力量。

在2023年整个下半年，我数次从成都飞往慈溪以及杭州，前前后后共参与了宗汉街道以及蓝狮子财经方面组织的五次访谈，包括并不限于当地街道（乡镇）乃至慈溪相关领导，与宗汉同生共荣的"企一代""企二代"，还有对中国乡镇企业乃至民营经济颇有研究的省市各级专家……其间我还走访了上林湖越窑遗址、宁波前湾经济开发区以及浙江省级、市级相关单位。就宗汉乃至整个浙江在乡镇企业乃至民营经济的发展，争取掌握它们立足并进化的全面风貌，审视它们遇见的问题和困境，并力求为大家揭示它们一路向上的背后动力。宗汉乡镇企业的崛起，不仅源于来自贫困中的绝地反击，更在于其移民文化中的奋进、开拓精神，青瓷文化中的工匠、开放精神，还在于以马宗汉为代表的红色文化中"虽千万人吾往矣"的革命、牺牲精神。这些精神品质在日后当地人的生活及创业中被演绎成了转型和创新。

因这本书的创作，我更深入地走进了宗汉这块传奇之地，也更深入地认识了马宗汉。甲辰龙年（2024年）春节，我曾在安庆的街头走过，看到头顶上的指示牌上标着"吴越街""锡麟街"，欣慰的同时不免又有些遗憾。欣慰的是这些革命志士终究为人民，以及为人民所在的城市所牢记，遗憾的是，安庆没有宗汉街。不过，我又转念一想，锡麟街其实也并不只代表徐锡麟一人，而是包括马宗汉这样和他一起为祖国的变革抛头颅

后记

洒热血的一群人。

幸运的是,中国从来就不缺乏这样一群人。这也是中国从风雨如晦走到花红柳绿,而宗汉街道得以从盐碱之地转变为富裕之乡的一个重要原因。所以,感谢马宗汉,也同样感谢宗汉街道,让我进一步认识到中国虽历经千辛万苦,依旧会生生不息!

感谢吴晓波频道团队以及蓝狮子财经团队,如郁璐芳、朱雅灏、韦伟、李姗姗等人,你们的配合,让我这次走访和后期的创作均更好地得到落实。

不得不说,得益于那冥冥中的缘分,让我不断拥有了新的缘分。而这一个一个的缘分,无疑又组成了人世间的美好,以及面向未来的信心。让我们永远铭记历史,感恩付出,并勇敢前行!

王千马

2024 年 2 月 22 日